UÍSQUE
NUMA XÍCARA
DE CHÁ

loui-kélly

UÍSQUE
NUMA XÍCARA
DE CHÁ

í
INSÍGNIA

Copyright © 2022 Loui-Kélly
Copyright © 2022 INSIGNIA EDITORIAL LTDA

Todos os direitos reservados. Nenhuma parte desta publicação pode ser reproduzida ou transmitida de qualquer forma ou por qualquer meio — gráfico, eletrônico ou mecânico, incluindo fotocópia, gravação ou outros — sem o consentimento prévio por escrito da editora.

EDITOR: Felipe Colbert

DESIGN & PRODUÇÃO: Equipe Insígnia

ILUSTRAÇÕES DA CAPA:
Designed by rawpixel.com / Freepik
Depositphotos

ILUSTRAÇÕES DO MIOLO:
Designed by Freepik (pág. 37)
Designed by rawpixel.com / Freepik (págs. 48 e 49 / Vênus)
Designed by sprayer_cat / Freepik (pág. 49 / Escorpião)
Designed by bagiasadesign / Freepik (pág. 120)
Depositphotos (págs. 13, 39, 71 e 115), Shebeko (págs. 8 e 9), VadimVasenin (págs. 19, 90 e 91), LLEPOD (pág. 26), LarysaRay (pág. 42), avintn (pág. 58), vectorguy (pág. 66), re_bekka (pág. 80), AntunHirsman (pág. 98), knstart (pág. 109), margo-soleil.yandex.ru (pág. 127), zmshv (pág. 132), masastarus (pág. 139), n3sh89.gmail.com (pág. 143)

Publicado por Insígnia Editorial
www.insigniaeditorial.com.br
Instagram: @insigniaeditorial
Facebook: facebook.com/insigniaeditorial
E-mail: contato@insigniaeditorial.com.br

Impresso no Brasil.

Dados Internacionais de Catalogação na Publicação (CIP)
(Câmara Brasileira do Livro, SP, Brasil)

Loui-Kélly
    Uísque numa xícara de chá / Loui-Kélly. --
São Paulo : Insígnia Editorial, 2022.

    ISBN 978-65-84839-02-1

    1. Cura 2. Perdas 3. Poesia brasileira
4. Resiliência I. Título.

22-108684   CDD-B869.1

Índices para catálogo sistemático:

1. Poesia : Literatura brasileira   B869.1

Aline Graziele Benitez - Bibliotecária - CRB-1/3129

"É hora de recomeçar tudo de novo, sem ilusão e sem pressa, mas com a teimosia do inseto que busca um caminho no terremoto."

Carlos Drummond de Andrade

Agradecimentos

Tracei uma jornada de cura nas próximas páginas. Um mapa que vai do intragável ao doce. Porque a vida tem dessas coisas.

Mas eu não trilhei esse caminho sozinha. Há alguns anos, o mundo me reduziu até eu me sentir insignificantemente exausta. Eu quis desistir, não deixaram. E agora, estou aqui.

Raquel, Ben, Laru, Arthur e Miguel, vocês serão sempre a minha base, o meu alicerce, que pode até trincar, mas permanece firme.

Aos amigos que me acolheram tantas e tantas vezes, deixo aqui a mais profunda gratidão. Obrigada por acreditarem em mim quando nem eu acreditava.

Mafê, obrigada por ser ponte. Felipe Colbert, obrigada pelo espaço, edição e apoio. Sem você, este livro não aconteceria.

E pra quem está começando a leitura, espero que tenha gostado do azul da capa, porque aqui é a minha casa. Espero que você compreenda meus sentimentos e repouse em alguns deles. E que não desista até chegar à última página.

É ali que a minha melhor história começa.

Eu gosto de beber uísque no balcão e de ganhar flores.

Gosto de ver o sol nascer, apressado e com todo o dia pela frente, mas também gosto de sorrir pra calmaria pacífica da lua.

Eu uso botas, uso All Star, e sempre que posso, descalço ambos pra pisar na areia fofa.

Rabisco livros e tenho preguiça de conversas on-line. Falo palavrão e me derreto com uma xícara de café — entregue na cama — sem pressa.

Escrevo poesia e canto músicas tristes, em tom alto, muito alto (mesmo). Meu sorriso nem sempre é honesto e uso sarcasmo como defesa.

Eu sou de carne, osso e uma porrada de histórias. Algumas me amargam a língua, outras sorriem os lábios.

Mas todas são minhas, muito minhas. Se você entrar numa delas, terá sorte (ou não!).

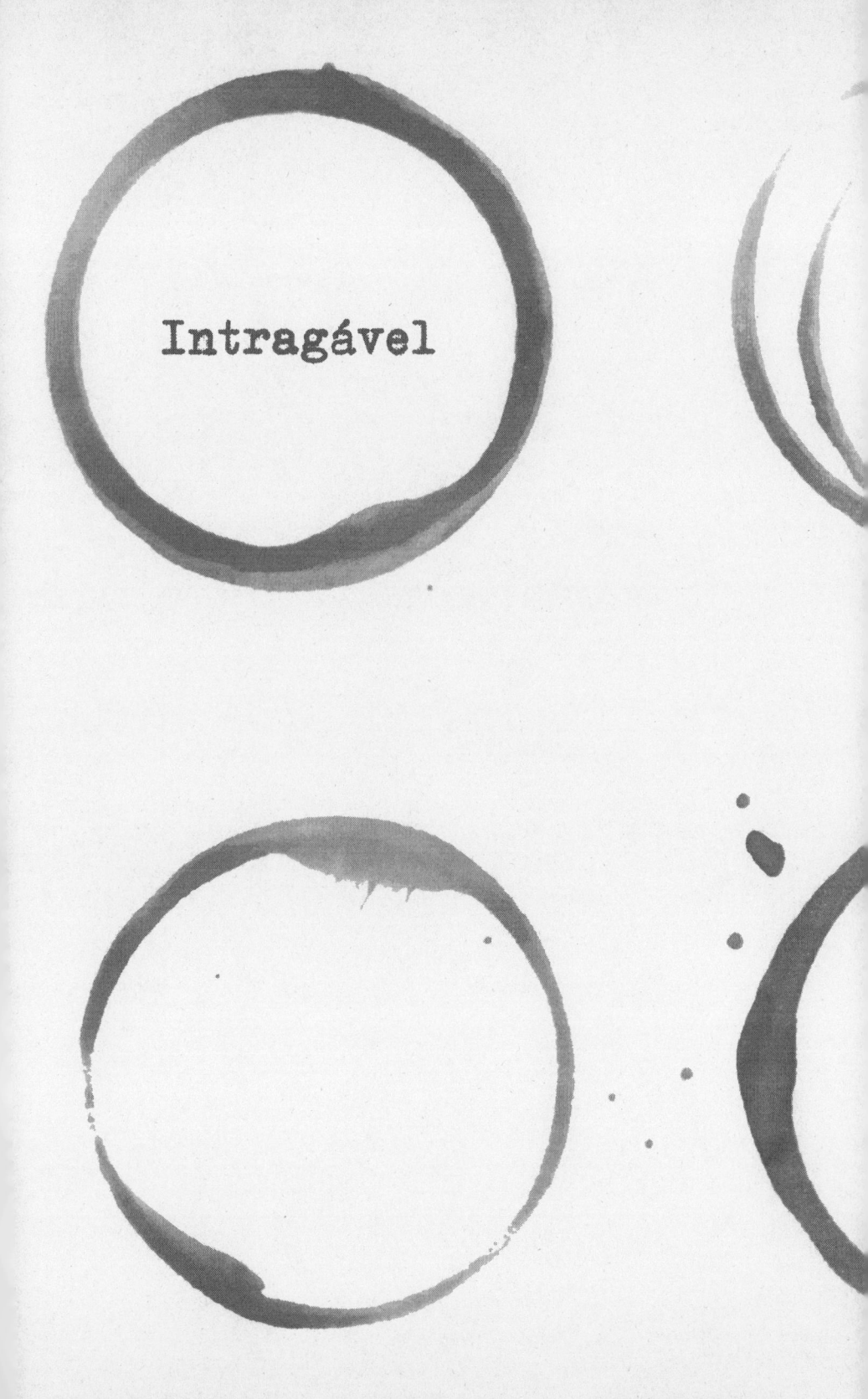

Intragável

Não me falaram sobre você.

Não te encontrei no meu horóscopo enquanto comia pão francês na confeitaria e bebia uma média amarga.

Você não estava nas páginas do jornal de pequena circulação do bairro, nem na propaganda que pipocava na tela do meu celular.

Não teve recado, telegrama, cutucada ou qualquer aviso do destino que me preparasse para a sua chegada. Porque você sempre foi sorrateiro e fez do destino, opção.

A porta não rangeu quando você entrou, o chão ficou sem marcas de sapato no piso e nenhuma nesga de vento escapou pela fresta que você deixou.

Foi invasor. Do tipo que arma acampamento na rotina alheia.

Foi discreto e eu nem percebi que sua mão já não desenlaçava mais da minha há uns dias.

Quando dei por conta, você estava lá, com o controle na mão, zapeando pela tevê a cabo do meu coração, me virando do avesso e roubando, para si, metade da minha cama. E foi bom demais te ver andando pra lá e pra cá, com esse gingado manhoso, de quem não tem pressa de viver.

Era tão macio ter você por perto que te pedi pra se achegar e ficar de vez. Mas você ficou cansado e nem me deu tempo de te servir o café recém-passado.

Você se mandou, sem rastro ou bilhete de despedida. Porque você é dessas forças da natureza que arrasam o barraco no meio da tempestade, sem dó. E depois, partem.

E eu fiquei com uma puta insônia desde que você se foi. Com um revirar constante de estômago também.

Fiquei aqui pagando sozinha a conta desse teu amor despropositado.

Custava tanto assim ter rachado?

(inverno)

Lembra quando a gente conversava sem ressentimentos, sem dor nos olhos e sem um abismo entre nós?

Quando a gente tocava a mão um do outro, falando sem parar, com planos pro almoço, pro amanhã, pro futuro... e a conversa fluía, macia, morna...

Quando a gente encontrava espaço confortável no abraço e no dia a dia um do outro, e quando dormir era tão simples, com as pernas entrelaçadas e a gente encaixado.

Sinto falta de você... mas a gente se perdeu, se deixou envelhecer antes do tempo e se empoeirar dentro de uma gaveta...

Nossos planos ficaram pra depois...

Mas talvez, pra gente, o depois nunca chegue.

Li algo que dizia: a vida é cheia de últimas vezes.

E não é que é? Quantos abraços você já deu sem se dar conta que eram os últimos. Você nunca mais viu a pessoa porque ela mudou pro outro lado do mundo, ou simplesmente porque algo dentro de você também mudou.

Por quantas ruas você já passou e nunca mais pisou? Quantos céus, completamente azuis, já te alegraram em tardes de verão, sem nunca repetir a sua pintura de nuvens abstratas?

Nem sempre a gente se dá conta da finitude das coisas, tanto grandes quanto pequenas. Mas é algo tão real e, de certa forma, dolorido de se pensar. "A vida é cheia de últimas vezes", e a saudade é uma extensão dolorida dessa frase.

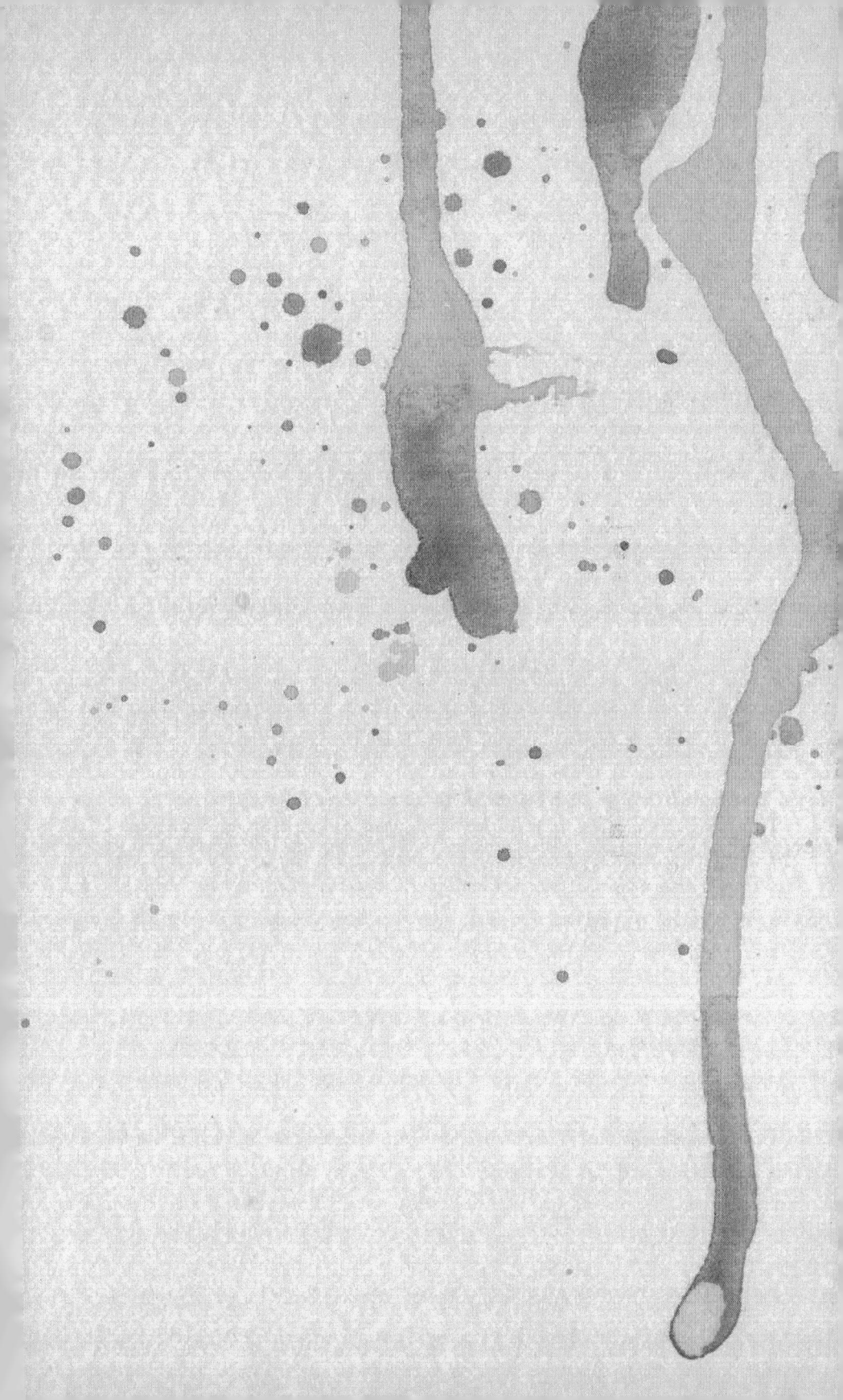

Eu trabalhei umas doze horas hoje, completamente conectada e cheia de pressa. A cafeteira não parou um segundo, tentando dar conta da minha insônia convertida em bocejos ao longo da tarde. Entre uma xícara de café requentado e outra, mesmo com o *deadline* chutando a minha possível úlcera, achei tempo para abrir nossa conversa e te ver on-line.

Um ano! Você me perguntou há quanto tempo não nos falávamos e eu respondi: "Nem faço ideia", seguido de uma risada orquestrada. Mas faz um ano. Desde a última mensagem, meu último "olá" despretensioso que você respondeu prontamente, como sempre, mas que não nos levou em lugar algum. Como sempre, também.

E hoje você desatou a falar da família, das viagens pra Europa, do apartamento novo e dos seus delitos de "bom menino". Você continua bonito, quis te dizer... mas não disse. O sorriso ainda estava ali, o mesmo sobre o qual dissertei tantas e tantas madrugadas, o mesmo que fodeu completamente as minhas defesas, tava ali. Me contando sobre uma vida leve, um lugar de sol, e me convidando pra aninhar no teu peito.

Um ano sem falar com você, nenhuma linha ou mensagem sequer e de repente você me solta, entre uma frase e outra: "Saudade de estar contigo". E o meu cérebro, que fica completamente inutilizado quando encara teus dentes enfileirados e teus olhos apertados, manda meu corpo vibrar. Quando percebo, tô sorrindo novamente, pro *touch screen* vazio e frio do meu telefone.

Você é uma afronta pra minha sanidade e sabe exatamente como desbloquear meu silêncio. Uma conversa de fim de tarde e cá estou, rabiscando novamente nossas histórias. Queria ter falado mais, te contado sobre as coisas sem você, sobre as vezes em que torci para esbarrar em ti, em qualquer canto dessa cidade que — pelo amor de Deus — é tão pequena, mas a gente nunca se esbarrou. Nem se esqueceu...

Você me disse que ainda vê minhas fotos e tem meus poemas guardados. Eu sei que meu nome você não esquece. Queria ter ouvido aquela voz, aquelas risadas, aquele timbre tão grave que me fazia escorregar pros teus braços. Mas falei que tinha que voltar ao trabalho e dei "tchau". De novo... Era o certo. Já ferimos muita gente. E nenhum de nós é bom em ferir.

Você me parece feliz agora e eu juro que estou feliz por você. Ela te faz bem. E eu só desejo que você retribua como ela merece, de verdade. Te mando amor para que você a transmita, mesmo sabendo que tô aqui novamente, depois de um ano, escrevendo num ritmo frenético e consciente de que, lá no fundo, você continua me deixando sem palavras.

Eu não coloco tanto de você no papel, porque ainda te quero dentro de mim.

Eu sinto sua falta todos os dias...

Mas já sentia muito antes de a gente se afastar.

A verdade é que você não estava comigo, nem quando estava ao meu lado.

E por isso, eu fui embora.

E por isso, deixei você ir.

A gente soube a hora de se retirar.

A saudade já me fodeu mais que você.

Olhei de relance, com o canto do olho, para ela. Sem tocar, sem aproximar, mantendo distância segura.

Mas ela estava ali, parada em cima da escrivaninha, me olhando meio capenga e solícita, querendo ser alimentada e embalada.

Estava no travesseiro, na metade da cama, sorrindo despudorada, querendo uma conchinha pervertida e apertada para dormir.

Estava no banho, naquele xampu acomodado ao ladinho do meu, que me fez lembrar de você.

Ela está fragmentada em todo canto da casa. Na camiseta que eu ainda uso pra dormir, no teu lugar no sofá, na tua escova de dentes que nunca mais viu a pasta e a torneira.

Você tá por aqui, de um jeito meio macabro. Você voltou no instante que bateu a porta e se foi. Você, na verdade, ficou num formato abstrato. Na forma da saudade...

E eu sei que a saudade é uma vadia pretensiosa, que se espalha por todo lado. Por isso eu não falo mais com ela, cruzamos pelos corredores como estranhas e vamos coexistindo.

A gente tem você em comum. Ela não me deixa e eu finjo que me importo, que quero expulsar, mas sempre seguro ela mais um bocado, ofereço estadia por mais um dia, só pra ver se ela me traz você.

Pego um café e um livro, respiro fundo e viro a página.

Do livro... porque a nossa, eu ainda não virei.

Tem dias que ficar sozinha faz buracos no meu peito, do tamanho de crateras lunares.

Tem dias que a solidão gruda em mim,
igual a Super Bonder na ponta dos dedos de criança bagunceira.

Tem dias que eu choro em silêncio,
desaguando a alma pelas calçadas da cidade.

Tem dias que se eu pudesse, pegava a estrada sem rumo,
sem mapa e sem casa pra voltar,
só pra fugir de mim mesma e dessa versão vazia que me preenche.

Então eu deito, inspiro fundo contando até quatro e solto contando até oito...

Eu me aquieto e espero toda essa merda passar, olhando pro teto.

Engraçado... parece que o teto me olha de volta, rindo.

Imagina que linda a vida sem as peças que a mente te prega.

Eu não escrevo tanto sobre você quanto escrevia sobre os outros, ao menos não com o mesmo frenesi.

É que as tragédias em que eles me envolviam impulsionavam em mim um caos criativo, dolorido e desesperado.

Sobre você, eu só quero falar baixinho, sussurrando, dizendo teu nome devagar, que é pra te manter perto dos meus lábios.

Eu não coloco tanto de você no papel, porque ainda te quero dentro de mim.

Eu tô há dias com o coração na mão.

Mas tô tentando fingir pra mim mesma que não.

(a falta que você faz)

Tem vezes que o lugar vai na memória com a gente...

Tem vezes que um pedaço da gente fica no lugar...

As manhãs...

Elas têm perfume de café
e ritmo de preguiça...

Elas bagunçam cabelos e
sorriem entre bocejos...

Elas são apressadas e
cronometradas entre os prédios...

E em alguma beira de praia,
elas são sobre redes
e nascer do sol alaranjado...

É muito difícil não pensar em você quando o meu dia
começa tão cedo.

Quando a gente precisa recomeçar a vida mais de uma vez, nunca é do zero.

Eu gosto de ficar no meu canto, de tirar tempo pra mim, de fazer as coisas que me trazem prazer, sem precisar argumentar com ninguém sobre as minhas prioridades.

Isso não significa que eu não goste de dividir os dias ou ter companhia. É maravilhoso ter um peito amigo pra descansar.

Mas também me faz bem entrar no meu mundo, sem prazo pra sair.

Gosto de encarar meu caos, vez ou outra, me permitindo sentir com força, sem ter de dar satisfações. Isso me acalma, me fortalece.

Eu me curo ficando sozinha.

Eu vou olhando para frente, com a certeza de estar no caminho certo,
não porque alguém desenhou ele pra mim, ou porque me instruíram sobre a rota.

Mas sim por saber que, a cada passo, eu me distancio mais dos lugares onde não pertenço.

Tua ausência é a presença mais forte no meu dia.

Farei as coisas que preciso fazer pra ficar bem.

Talvez essas coisas te machuquem.

Talvez, me machuquem...

Amargo

Eu gosto, sim, de quem me toca a pele. Mão, boca, digital e saliva. Gosto que me enlace, amasse e abrace. Gente que vem quente como verão ao meio-dia e faz queimar os poros. Eu gosto de gente assim. Quem não gosta?

Mas tesão de verdade, eu tenho mesmo é por quem me olha nos olhos, quem enxerga aquele medo requentado e quem enche ele de bem querer. Eu me derreto é por aquela xícara de café, entregue com beijo de bom dia no canto da boca e cafuné atrás da orelha. Enlouqueço por quem me faz ficar bem perto, encolhida no sofá, em dia de chuva e tarde de sesta.

Muito antes da epiderme, eu tenho atração por quem me apalpa a alma e faz ela gozar. Porque de todas as minhas partes, essa é a mais difícil de colocar à mostra e deixar desnudar.

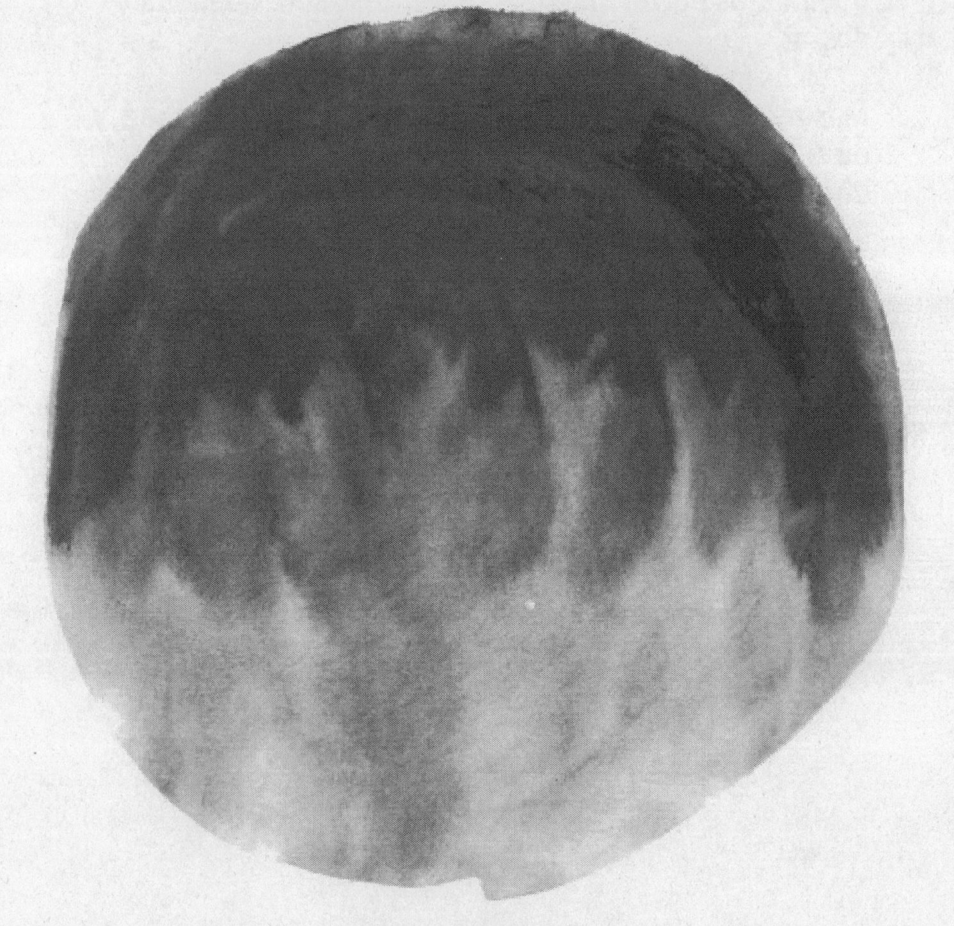

Tive que fazer silêncio dentro de mim pra me ouvir de novo.

Nos vimos. Você não estava tão iluminado quanto eu sempre achei... foi distante, mal se moveu pra falar comigo...

Falou sem parar, sobre como estava cansado, sufocado, que não conseguia me fazer feliz.

Acho que seus olhos ficaram úmidos. Queria ter esse poder de segurar as lágrimas, mas encharquei o rosto e as costas da mão tentando secar as minhas, concordando com tudo que você dizia. Eu também não estava feliz, disso tinha certeza.

Mas queria desesperadamente ficar e por isso não recusei quando a gente prolongou o fim, esticou os dias e tentou não acabar.

Porque eu realmente acreditava em nós e sabia que você acreditava também. Tínhamos um futuro lindo pela frente...

Mas, em algum ponto, paramos de enxergar isso.

Não é engraçado como os sonhos se desfazem, aos poucos, naturalmente, sem que a gente se esforce ou note?

Tem vezes que a vida vem sorrateira e coloca, na nossa estrada, outras direções.

E foi assim que, cada um com suas malas, a gente seguiu em direções opostas. Cada um com um pouco de dor pesando no peito e uma saudade pra levar consigo.

Um pouco de mim em você e um tanto de você em mim.

"Fica bem". É o "eu te amo" de quem tá exausto...

Eu tento, sabe... permaneço firme, sigo o baile, foco em mim, faço minhas coisas, não me deixo dar espaço pra saudade.

Mas meu coração insiste em voltar pra você.

Ele sabe o caminho de casa...

Sobre nosso término, desisti de tentar entender em que ponto a gente se perdeu. Sei que foi mútuo.

Não quero mais reler nossa história pra buscar explicações...

Só quero parar de sentir. De te sentir.

O querer não é passível de controle, mas me esforço com todos os poros pra tirar aos poucos tuas digitais do meu corpo e tua respiração da minha.

Espero que você vá embora junto com o verão, sem deixar pedaços teus em mim.

O que fode é a Vênus em Escorpião.

A gargalhada saiu e quem me conhece, sabe: o signo é de ar, tem um certo equilíbrio, uma elegância sútil... mas a porra da Vênus em Escorpião me embaralha e me faz querer descer na primeira estação pra dançar na rua com estranhos.

E eu ponho a culpa no cosmos, mas sei que não é sobre. É só a matéria da qual sou feita. Eu sou um bocado de bagagem e uma mania louca de observar a vida do lado de dentro das cortinas. Fotografando na memória as belezas e as tragédias. Eu guardo tudo, igual baú... aliás, guardava... tô aprendendo a deixar na estrada o que me estraga o riso (a gente evolui).

Mas eu mastigo o que fica, lentamente, vou digerindo minhas impressões das maluquices da vida e vou transformando o que posso em poesia.

Nem sempre é fácil ler. Às vezes o texto sai truncado, pesado, caneta borrada...

Mas em outras, ele flui, me enlaça e me faz ser como um passarinho cruzando o céu, num pôr do sol em degradê.

Eu tô na cama agora, sem sono, mas com os olhos ardendo. Amanhã vou revisar tudo isso, como sempre faço. Eu falo um bocado de porcaria, mas depois passo tudo a limpo. Porque eu gosto da espontaneidade, mas no mundo adulto, até ela tem que ser calculada.

(das madrugadas)

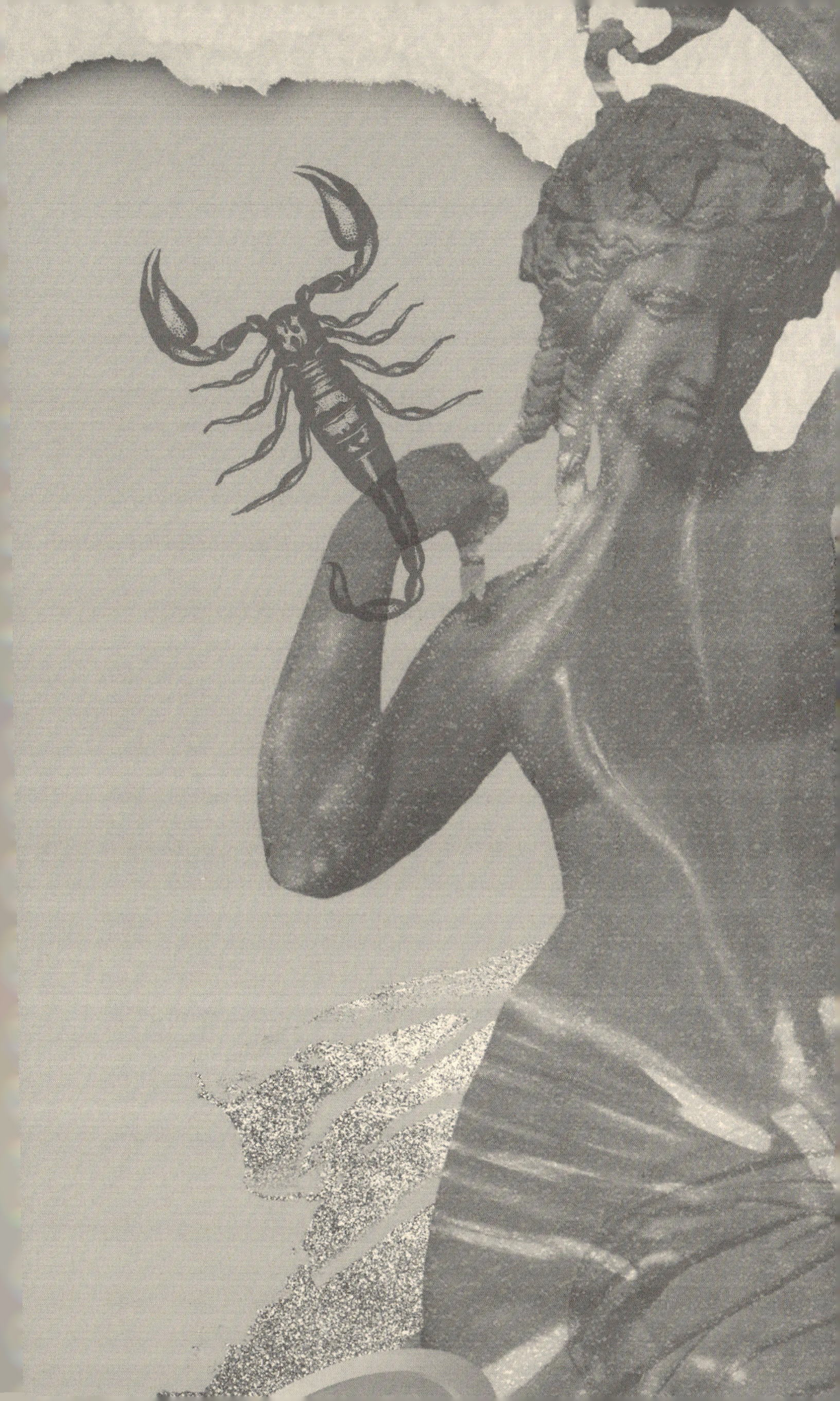

O jeito que alguém vai embora, fala tudo sobre essa pessoa. Repare bem.

Eu nunca fui de me manter muito próxima de ex, tipo *best friend*, sabe? Mas eles estão por ali, na minha agenda da vida. Ainda rola aquele "*hey*, tudo bem, feliz aniversário", ou "manda um beijão pra família nesse Natal", e até "vamos marcar uma cerveja qualquer dia, claro...". E por mais que essa cerveja nunca saia de fato, uma relação saudável fica.

Sempre achei importante e até bem adulto sair de cena com dignidade, tendo feito a coisa certa, sem carregar por aí aquela culpa desgraçada de ruim de ter sido uma "má fase de alguém". Não, nem sempre isso funciona, eu sei. Afinal, alguns finais precisam ser trágicos. E isso é foda.

Mas tirando essa necessidade dramática que algumas relações têm, mantenho uma profunda admiração por quem consegue encerrar de boa, olho no olho, lágrimas nos olhos e desejos de "fique bem" no sorriso pálido. É maduro, adulto e saudável.

"Você fica com a planta da sala, eu com o box de *Friends*."
"Eu levo o porta-copos da *trip* pro Peru, mas você pode ficar com a camiseta larga do Nirvana."

Então alguém se vai, bate a porta e um recomeço se inicia pra ambos. Sem carma e sem bloqueios. Só respeito e caminhos livres.

Eu sei que não é tão simples e nem tão clichê, dói pra cacete e a gente precisa de um espaço para acalmar o coração.

Mas o tempo ajeita e a vida cura. Foi bom, foi bonito, mas precisou acabar.

Agora, feio de verdade, é quem sai pela tangente, quem inventa desculpas para não pôr um fim, quem termina com covardia e sem empatia. Feio é olhar na cara do outro, poder colocar um ponto, mas preferir ser mágoa, virar trauma, criar dor.

Feio é se esconder, acovardar e ferir sem necessidade. Só para não lidar com as próprias decisões e as consequências delas. É um esquema besta de "se eu fizer merda, o outro vaza", que eu não entendo. É covarde, medíocre e muito indigno. Em resumo, é feio e ponto. E vai por mim, parceiro, se a ideia era resolver, você deu um tiro no pé e criou o tal do lance mal resolvido. E isso a gente leva pra vida.

Então, se você precisa fazer as malas, recolher as escovas e pegar o primeiro voo na direção oposta, despeça-se direito. Vá embora não para sumir, mas para recomeçar, em outro tempo ou canto, com a certeza de que tá tudo certo. Você fez sua parte, mas aquela relação não era o destino final. Tudo bem. Saiba dizer adeus e vá para a próxima parada. Que seja linda e que seja leve, mesmo sem ser pra sempre.

Tempo: é pouco para quem tá perto e muito quando a gente sente falta. É ouvir o outro até o fim da frase, para então responder. É o colo de mãe em dias ruins e é aquela fotografia que amarela, mas não envelhece.

É dinheiro para o engravatado e vida nos hospitais. É a briga eterna do meu guarda-chuva com as tardes repentinas de sol, e é teu sorriso me pedindo para ficar um pouco mais.

Não é término de namoro e tampouco compromisso. Não dá de carregar no bolso, mas a gente vende ele no trabalho. É da época do meu avô, quando tudo era diferente. É o intervalo favorito, entre sexta e segunda.

É incapturável e insustentável.

Passa rápido por alguns e lento demais por outros. É a matemática não sendo exata. É aproveitar o hoje por não saber do amanhã, é ouro nas mãos certas e perda com pessoas erradas.

É o melhor presente que você poderia me dar.

É o que eu quis gastar com você.

Relacionamentos bonitos e saudáveis também acabam.

E é importante a gente entender isso pra saber a hora de se retirar, antes de estragar a beleza de algo que deveria se tornar uma boa memória, ao invés de um trauma.

Amor ganha novas nuances e significados. Nem sempre tem que ser pra sempre.

Não espere tudo desmoronar ao seu redor pra entender que acabou. Encerre em paz, com dor, mas com gratidão. Não intoxique algo que já te colocou tanto sorriso no rosto.

Aprenda a se despedir.

Sentada, com as pernas num cruzar e descruzar nervoso, os dedos tamborilando na mesa, o cabelo ainda bagunçado e a torrada esfriando num prato trincado. Gosto de ressaca na língua e queixo erguido. O dia chega e ela ignora, sem reparar nas horas.

Uma nesga intrometida de sol entra pelo quarto, com fachos suaves de uma luz recém-amanhecida.

Ela está com aquele olhar desperto e exausto de quem transformou a noite em dia.

Pupilas dilatadas, olheiras fundas e uma confusão de quem não dorme. Tem café morno na cafeteira, que espalha o aroma de criatividade por todo canto.

Ela veste uma camiseta desbotada de alguma banda esquecida pelos serviços de *streaming* com a mesma facilidade com que se livra do vestido e dos saltos.

Descansa o corpo no tapete, com o caderno apoiado no colo, e como maestro regendo uma sinfonia dolorida, deixa a poesia escorrer entre os dedos...

E chora.

Ela bem sabia que a vida não era toda calmaria e sentia na ponta dos pés a incerteza dos passos.

Tinha aquele sabor ácido na boca, dos amargores dos dias difíceis. Mas também tinha a doçura de quem não deixa endurecer o coração e nem esquece a gentileza de lado.

Conhecia os desgostos, mas nunca recusava experimentar um tantinho a mais de amor. Ainda que fosse só uma provinha...

Sabia, do fundo da alma, que até os dias mais lindos poderiam ser encobertos por nuvens pesadas, mas que a vida não era apenas sobre as tempestades (e agradecia baixinho por isso todo santo dia).

Seguia bailando, flutuando e se entregando... com o sorriso que transborda e olhos que não mentem.

Longe de ser perfeita, mas também nem só de complicação.

Porque ela é toda feita de sol, mas com chuvas isoladas.

Admita: você não consegue manter tudo sob controle! E tá tudo bem. Respira fundo, pega um copo d'água — daqueles bem gelados, que dão susto no cérebro — e sossega.

A vida tem seu jeito próprio de virar as esquinas. E a maneira como o sol se põe no horizonte todos os dias é sempre diferente. Nada se repete do mesmo jeito, então não adianta ficar criando precedentes e teorias bem fundamentadas em processos e métricas.

Nós somos abstratos.

Confia um pouco nas surpresas, nas possibilidades novas e que, talvez, tudo esteja no lugar certo e fluindo. Porque é incrível a capacidade que a gente tem de errar nos nossos pré-julgamentos! Então não dá para se basear muito neles. Vê se aprende com isso.

Tá tudo indo, tudo funcionando e você não tem controle nenhum. Não existe um painel estatístico que mostra isso, mas lá na frente, você vai olhar e entender os "porquês" de agora. Não pira, só senta um pouco na janela e aprecia a paisagem. Tua jornada não é o ponto em que você está, tem mais estrada pela frente.

Faça uma boa viagem.

Você sempre sabe um jeito novo, uma maneira diferente e uma forma petulante de me invadir melhor. E eu deixo.

Eu não entendo pessoas que ficam rodeando o que faz mal, se expondo, se vulnerabilizando à toa...

Se te traz tristeza, não toca, não fala, não vê, não busca saber sobre...

Dá paz pro teu coração, dá horizontes diferentes pra tua vista, dá tempo pra ti.

Ficar no caminho do sofrimento de forma consciente é burrice. Vaza daí... te protege!

Quando tu estiver bem, o baile segue até sozinho...

E aquela ferida, cicatrizada, vai ser só um sinalzinho de nada na pele, que dá até para cobrir com tatuagem.

A maioria dos seus planos vai dar errado, mas você vai ficar bem.

Você vai descobrir que aquele curso extenso não te agrada tanto, que o intercâmbio vai ter de ser adiado por uns meses, que aquele trabalho dos sonhos vai te esgotar a sanidade e que você vai levar um pé na bunda do seu grande amor. Na verdade, dois. Três. Alguns...

Mas vim te contar também que quando a vida sai dos trilhos, você pode ir para onde quiser. Por isso, pegue uma nova rota, jogue o mapa fora e aprecie a paisagem.

Tenho uma mania de acreditar que o destino só leva o que não deveria ficar e que a gente deveria aprender a agradecer por essa dança do universo. As coisas pesam menos assim...

Você pode descobrir uma nova carreira, se encontrar em um emprego novo, achar lugares incríveis para ir e, até mesmo, esquecer aquele grande amor que parecia ser inesquecível.

Então seu coração ficará livre, sua alma ficará leve, seus medos irão embora e você vai sentir um gostinho doce de liberdade.

Escolha sua nova banda favorita, seu apartamento dividido, um cachorro com nome engraçado, um restaurante para ir toda quarta e esquecer da dieta.

Se reinvente, se permita, se encontre! A vida te bagunça

pra você descobrir que é capaz disso. De encontrar um lugar de paz, no meio do maior caos.

Por isso, entenda que não é apenas sobre tudo o que você está perdendo. Mas também sobre tudo que há para ganhar.

Gostaria que houvesse um jeito de te dizer que as coisas vão ficar bem... mas não existe.

Você vai passar pelo que precisa passar antes de tudo ficar bem e no lugar.

E talvez não seja por um plano divino, ou o universo conspirando em favor de algo.

Quem sabe seja só você, sendo humano, lidando com a realidade de cada dia e fazendo seu melhor.

O que importa é você ter fé nisso. Os ciclos se encerram, as dores cedem espaço para a alegria e tudo se ajeita. De um jeito ou de outro.

Cultive seus dias bons com carinho, preserve seu sorriso e aguente firme quando a vida perder o rumo. Tem coisas boas vindo no horizonte. Não perde a fé...

Eu quero, daqui há alguns anos, olhar pra esse ponto da minha vida e saber que tudo serviu pra minha alma ficar curada.

E que todas as coisas que eu não quis falar, ou que eu não quis trazer à tona, não se tornaram traumas, mas foram ressignificadas e transformadas em luz. Na minha vida e na das pessoas que estão comigo.

Eu tô passando por esse processo de cura. Dos medos, dos anseios... e embora ele seja dolorido, eu tô vendo a chuva levar tudo isso embora, lavando minha alma e deixando ela fresca e limpa.

Como uma página rasurada e amassada, mas ainda com espaço pra grandes histórias.

Queria poder embalar o que sobrou da gente em papel, espuma e plástico-bolha, pra ficar bem protegido.

E se pudesse, ia colocar tudo na minha maior mala pra carregar pra todo canto comigo.

Queria te levar na mochila, atravessar o oceano, subir montanhas e me perder sem mapa em estradas abstratas.

Mas te queria comigo, na bagagem, pra te manter um pouquinho mais do meu lado.

Só que não dá pra te levar.

Quando a gente sai na contramão de quem a gente ama, tem que ir esvaziando pelo caminho... pra aliviar o peso.

Por isso, tô espalhando nossa história por aí...

Outro dia deixei o gosto da tua boca na espuma do mar, vendo o sol se pôr.

Abandonei o cheiro do teu peito, numa curva solitária, enquanto dirigia.

Esqueci teu abraço quente, numa cama estranha e fria, onde um estranho me enlaçou pra dormir um sono molhado.

E assim... aos pouquinhos eu vou te vendo sumir,

misturando tua imagem na paisagem, até esquecer teu rosto...

Só pra seguir,
pra seguir sem você,
pra seguir mais leve...

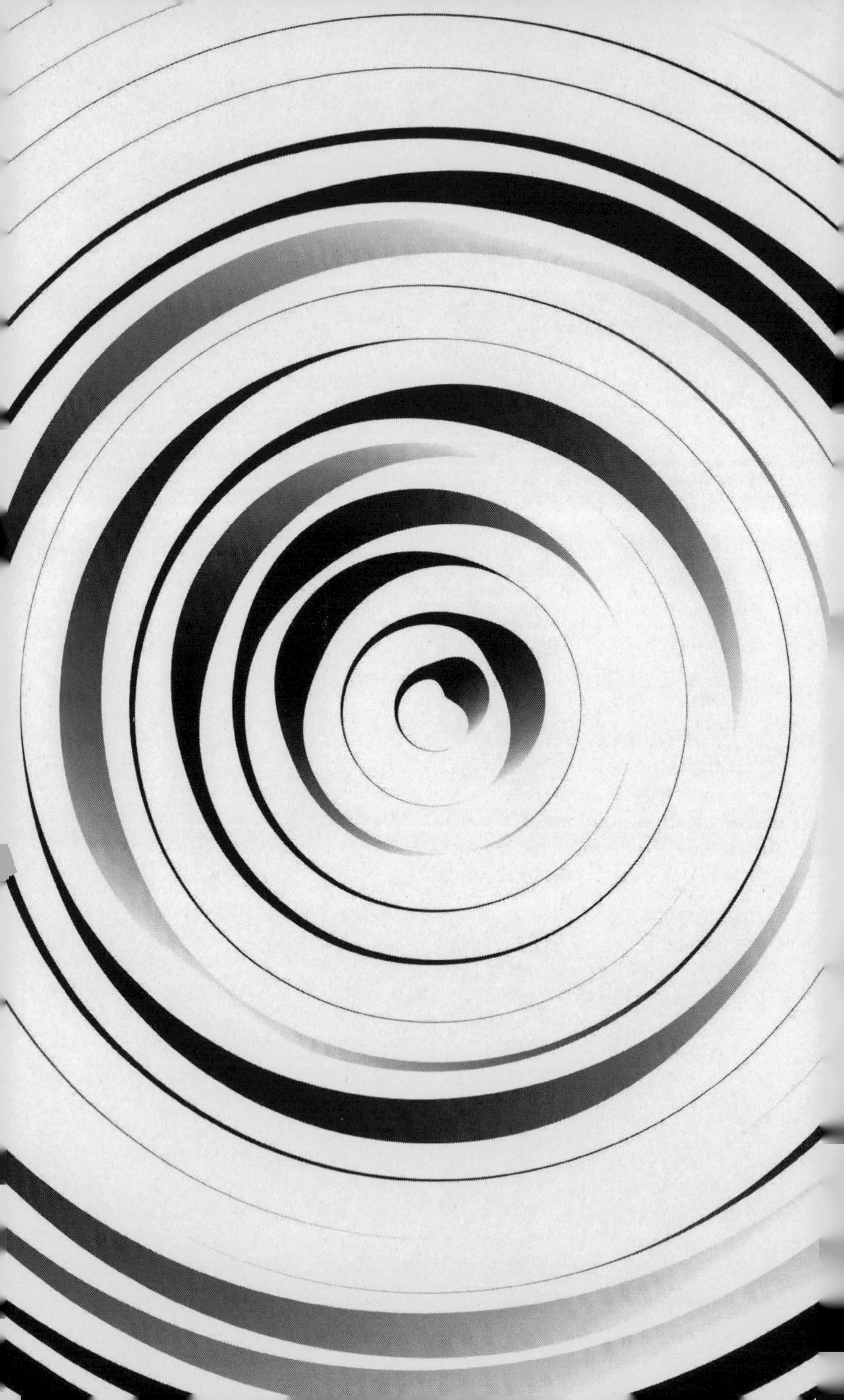

Eu te guardei em gavetas difíceis de acessar.

Te coloquei longe dos olhos, pra tentar um pouco de sossego no coração.

Mas continuei rezando por você, continuei repetindo teu nome pra Deus, dia após dia.

Mesmo querendo te esquecer,
tudo, todo dia, me faz lembrar de você.

Eu estou correndo e você apenas caminha...

Mas sabe que eu não vou diminuir meus passos...

Estou dando tudo o que posso, não tenho mais barreiras pra desmanchar.

Estou vulnerável pelas defesas que seu amor derrubou.

Eu estou correndo e você apenas caminha...

Não vou te esperar e já não me importa se dói.

Vou seguir correndo... talvez você me perca de vista.

Talvez eu me encontre na esquina.

Você me pergunta sobre minha cabeça bagunçada e meu coração gelado enquanto aquece meu corpo numa noite de sábado.

E tenta entender o que se passa com a mulher de olhos profundos e sorriso distante, deitada ao seu lado.

Enquanto isso, eu organizo as palavras mentalmente, pra te dizer que não quero que você fique pra passar a noite. Prefiro dormir sozinha.

Você bagunçou os lençóis e eu vou trocar antes de deitar. Você cumpriu seu papel e me fez sorrir por uma brevidade. Mas eu prefiro acordar sozinha.

Olhe para a frente, busque novos horizontes e deixe para trás o que deve ficar lá. Não tem nada novo no passado, nada que te traga possibilidades ou que mereça seus pés parados.

Respeite as estradas que cruzou, agradeça, despeça-se e siga adiante. Porque você já viu esses lugares, já chorou essas dores e já sorriu essas alegrias. Vire a página e continue sua jornada.

É na frente que o futuro está. E quando você olha nessa direção é que encontra o novo, é que encontra a cura, é que encontra você.

Leve

"A vida é um sopro", ela sussurrou, debruçando-se sobre a tarde e cercada de vida.

E ela espreguiçou na areia, com os cabelos emaranhados em pequenas conchinhas e os dedos dos pés tocando o gelado do mar.

"A vida é um sopro", ela repetiu enquanto as nuvens desenhavam pinturas impressionistas numa imensidão azul.

"A vida é um sopro", ela sorriu enquanto uma onda invadia seu vestido e cobria a ponta do nariz com água salgada.

Ela submergiu, se entregou e deixou o coração parar... por alguns segundos de calmaria, apenas ela e o mar, se tocando e acarinhando.

"A vida é um sopro", ela pensou afundada, embriagada e com o vazio de ar no peito.

"A vida é um sopro", ela repetiu entorpecida e impulsionando o corpo para fora da densidade da água. Ela gargalhou, olhou pro sol e sorriu.

"A vida é um presente!"

Não se desfaça dela.

Olhei pela janela
e vi projetada pelo sol
a sombra de quem um dia já fui...

Sorri e dei adeus pras partes de mim
que já não me cabem mais.

Que maravilhoso roteiro tem a vida,
onde, página por página,
vamos reescrevendo a síntese
inconsistente e brilhante
dos nossos personagens.

Mudar faz bem.

Você precisa seguir em frente.

Você precisa abrir espaço na sua vida para aquelas pessoas que apoiam você, que acreditam no seu potencial, que acendem luzes nos seus dias mais escuros e que param o próprio mundo para entrar no seu e te ajudar a organizar a bagunça quando é preciso.

Você precisa se cercar de pessoas que realmente se importam com você e se importar com elas também. Porque elas merecem que você seja recíproco. Só não esqueça que, se importar, às vezes é sobre dizer "não"...

Você precisa seguir em frente e deixar para trás aquele amor que te colocou triste, que magoou você, que traiu você, que não era capaz de assumir os próprios erros e por isso mentiu para você, uma vez após outra, e te fez sentir a pessoa errada, tantas vezes, injustamente.

Você precisa deixar essas lembranças pra trás e seguir em frente abrindo espaço no seu dia pras novas histórias, com mais calor e menos lágrimas.

Você merece encontrar alguém que te respeite e cuja presença te traga paz de espírito e sono tranquilo. Alguém que queira compartilhar dias de céu azul, mas que não saia na direção oposta quando vierem as tempestades.

Você merece encontrar alguém que segure a sua mão e que siga em frente também. Alguém que amplie a zona de amor e segurança de vocês e que se sinta feliz ao seu lado. Genuinamente.

Você precisa seguir em frente com esperança no coração e flores na alma. É nessa direção que a vida vai te mostrar que você merece cada abraço, cada ombro, cada gargalhada e cada tarde de sol balançando numa rede, aninhada e em paz.

Você precisa seguir em frente e você merece seguir em frente.

Então, solte a mão do passado e siga...

Eu queria poder consertar tudo o que as pessoas quebraram em você e te ajudar a apagar cada memória dolorida.

Queria poder organizar a bagunça em que te deixaram e, quem sabe, até remendar os cacos de cara e coração quebrados.

Queria te dar a força necessária para voltar a ser valente e olhar o mundo nos olhos, sem medo e sem se assustar. Queria poder te resgatar de qualquer onda de tristeza, antes que você se afogue nela.

Mas eu estou eu mesma, resgatando a mim e catando meus pedaços. E compreendendo que a estrada para a cura, infelizmente, é o tipo que se cruza solo.

Por isso, quero apenas te dar esse conselho: aprenda a ler a cena em que está vivendo e não forçar o que não é natural. As coisas boas da vida são confortáveis, então se algo te traz sofrimento, não insista nisso.

Desapegue da tristeza e de segurar ela entre os dentes.

Conecte os pontos e perceba que o caos desaparece. Quando você dá um passo para trás e olha eles de fora... é nessa hora que algo novo surge.

Você finalmente consegue ver sua versão mais bonita e menos dolorida.

Você vai ficar vulnerável muitas vezes, vai ficar assustada, meio fora de órbita e com o sorriso gasto. E isso vai doer.

Mas de algum jeito, depois de atravessar as maiores tempestades, a força vai brotar lá dentro do peito...

Corajosa, feito plantinha de apartamento que procura luz na fresta de uma janela trincada.

Você sempre vai saber onde encontrar luz e como se banhar no brilho do sol, absorvendo sua energia.

Vai crescer, sobreviver e mesmo no escuro, vai sair do casulo.

O foda é que a gente aprende tanto a aguentar e segurar as pontas, que esquece o quanto precisa parar e sossegar.

E a gente não percebe que se doa demais, que se cobra demais e que perde tempo demais tentando agradar e manter a compostura.

E então, quando desaba, desaba de uma vez só. Sem amortecimento na queda, só um baque surdo e dolorido. E é então que a gente percebe o quanto errou...

Em não respirar fundo, acalmar e aquietar a mente.

E que precisa cuidar da gente, olhar pra dentro, acalentar a alma e preservar lá, o sorriso. É no meio da queda livre que a gente se dá conta, que só cai no chão quem esquece como planar, até voltar a voar...

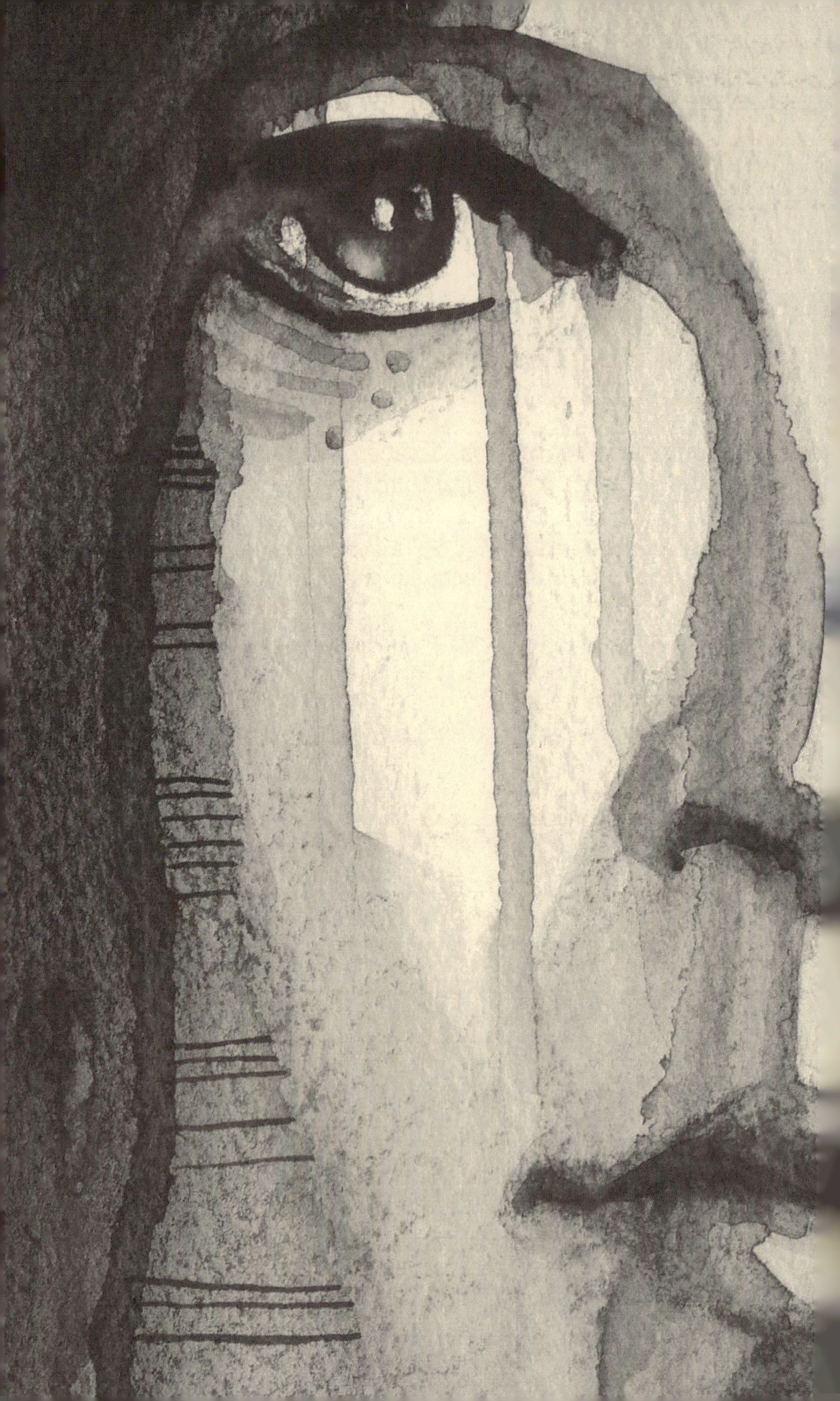

Coisas que me assustam:
viver no piloto automático.

Eu tô aprendendo a aquietar a mente e me permitir sentir sem ser reativa. Tô aprendendo a contemplar meus sentimentos, deixar ir e vir. Porque eles são parte dos meus processos de evolução.

As ondas que me tocam, as sensações que se espalham pelo meu corpo e tudo aquilo que me afoga, descobri ter efeito curto sobre mim.

Só preciso sossegar a mente, respirar em compasso e esperar passar.

As nossas emoções são parte do nosso esquema biológico, elas estão ali, mas elas não determinam quem somos.

E é nisso que eu tenho focado. Apreciar a alegria. Contemplar a tristeza. Me permitir sentir, sem me julgar. Sem autossabotar.

Por mais maravilhosa ou pior que seja, é só uma sensação... que vem e vai.

Cultivo as boas e me despeço das ruins, com gentileza.

Se ame! Não com textão, farpas e competindo com meio mundo. Faça por você o que você faz por alguém que ama.

Cuide da sua alimentação, aprenda a entender seu corpo e como ele funciona melhor. Saia um pouco do sofá e faça algum tipo de exercício. Sim, no começo seu pulmão vai gritar, mas quando você pegar o ritmo e sentir a endorfina inundando o seu cérebro, vai ver que uma caminhada é tão prazerosa quanto uma barra de chocolate.

Tome um banho demorado, acenda um incenso, coloque uma música leve tocando e cuide da sua pele. Você mora nela. Ah, beba água... muita!

Leia coisas boas, que te façam ter assunto, ter opinião... aprofunde-se em algo. Você não precisa saber tudo de tudo, mas saiba algo muito bem sabido, de preferência, algo que você ame de verdade.

Escolha um lugar que te encante para viver. Eu sei que é difícil, porque na maior parte do tempo a gente está apenas tentando sobreviver, mas acordar num lugar que você ama, não tem preço. Então, se precisar mudar um zilhão de vezes para se sentir em casa, faça isso. Lar é onde o coração está.

Não seja tão duro consigo. Você tem o direito de errar, de pisar na bola e de perder a cabeça vez ou outra... apenas não deixe que isso se torne um hábito. Aprenda a olhar para si e refletir sobre suas atitudes, mas seja gentil consigo e faça sempre o melhor que puder com o que tem em mãos.

Diga "tchau". Aprenda que precisa cortar laços, antes que eles virem grades e aprisionem. Nem todo mundo que você ama, faz bem para você. Porque amor é algo gratuito, você não entrega só quando é recíproco. Então, se não te traz bons frutos, siga amando, mas ame de longe.

Respeite seus limites. Não é não. Deixe claro e firme até onde se pode ir com você. Meias palavras não fazem de ninguém bom entendedor, às vezes a gente precisa dizer o que tem de ser dito, então fale o que pensa. Mas nunca, jamais, fale tudo o que pensa, porque isso só te torna arrogante. Seja gentil com as palavras, sem perder seu ponto de vista.

Ande descalço, na grama, na areia, no barro... mandaram a gente calçar os pés para nos proteger, mas ignoraram nossa conexão com o externo e com a natureza. Por mais que você não goste, tire os sapatos de vez em quando e sinta: tem um mundo inteiro sob seus pés. Conecte-se com ele. Ame-o e se ame.

Então, quando um dia ruim vier e a auto estima cair, aprenda: amor é mais sobre gestos que palavras, e amar a si mesmo não é apenas sobre autoafirmação. Você não precisa gritar para o mundo, apenas pratique amor, consigo, porque você merece amor e ninguém pode fazer isso por você.

Seu lugar talvez não seja físico. Quem sabe é aquela nuvem macia, sendo diluída pela asa do avião. Ou quem sabe aquele abraço gostoso, que você ganha no final de um dia pesado e cansativo.

Talvez seu lugar, atualmente, seja dentro de uma música, que você coloca para tocar nos fones e, de olhos fechados, mora nela por alguns minutos. Ou uma mesa, cercada de amigos e risadas, com cerveja e amendoim descascado, onde você sabe que pode ficar por horas sem ver o assunto faltar...

Seu lugar é onde você pode olhar pra si e sorrir, consciente de cada fragmento seu e do quão próximo está da sua própria essência.

Não se desloque de si mesmo para pertencer a algum lugar ou a alguém. Permita-se estar na própria companhia e apreciar ela. Porque você é incrível quando para de se esforçar por padrões alheios e apenas, de um jeito lindo e imperfeito, é você...

(pra quem ainda procura seu lugar no mundo)

Há um tempinho, liguei para uma amiga com o intuito nada célebre de choramingar minhas pitangas e desprazeres da vida.

E falei por horas, reclamando, entre lágrimas e soluços, enquanto ela (anja) ouvia com paciência.

Ao fim da minha lamúria e de todo o drama catarrento, minha amiga reuniu a sensatez e sabedoria (de quem me conhece pra caramba) e me deu um tapa (metafórico) nas bochechas lacrimejantes.

"Loui, você quer resolver o problema ou ter a razão?", ela disse.

E, caramba, que sacode maravilhoso e coerente esse que ela me deu!

Caí rapidamente e sem a menor proteção do alto do meu ego, com a bunda no pedregulho do chão, e me dei conta de que solucionar problemas não é sobre estar certa ou errada, mas sim sobre encontrar o melhor caminho.

Quando nos relacionamos com pessoas e quando deixamos essas pessoas entrarem na nossa intimidade, todo tipo de divergência surge. Coisinhas bestas do dia a dia ganham tamanho, palco, e quando percebemos, viram discussões dantescas e cheias de lugar nenhum pra ir. E-é-aí-que-a-gente-se-fode. Muito.

Porque rodamos em círculos, atrás de razões e certezas, que na verdade são apenas o próprio rabo. E, no fim, ninguém ganha nada.

Por isso é tão importante saber parar e entender se é por orgulho ou por solução, o posicionamento e a treta.

Claro que expor o ponto de vista importa e merece ser defendido. Exceto nas vezes em que ele pega carona num ego inflamado e cheio de distorções. Aí é melhor levantar bandeira branca mesmo e declarar empate...

"Não é fácil", falei pra minha amiga naquele mesmo dia. Respirar, acalmar e entender em que ponto se chegou, ou se vale a pena continuar a discussão. Mas é importante.

Então, eu concluí (e quase ganhei o Nobel da Paz por isso): escolher brigar, as DRs certas, ainda vai salvar muito relacionamento por aí.

(obrigada, Pati!)

Quem sabe a jornada seja assim, um pouco fora dos trilhos, com alguns caminhos errados e outros acertados.

Mas você precisa continuar andando, mesmo sem saber direito o destino final, porque não existe outra saída além de avançar.

E quem sabe um dia você olhe pra trás e perceba que passaria por tudo outra vez, só pra chegar onde chegou e que ainda assim, tem muito mais a viver...

Porque a vida, meu bem, acontece durante a viagem!

Eu sou feita das memórias que eu carrego e às vezes, confesso, me sobra um pouco de passado. Nem todas as lembranças são azuis e leves, com cheiro de jardim de primavera ou café quente em dia de chuva.

Algumas são tempestuosas e nada fáceis de carregar na mala. Mas elas, essas lembranças acinzentadas, também me fazem transbordante em mim.

Eu não seria a mulher que eu sou hoje, sem os caminhos errados que eu já peguei e as caronas duvidosas que já tomei. Porque a estrada ensina, mas a estrada errada, te ensina dobrado.

E, apesar dos pesares, eu nunca fui de ter apego nos dias ruins e nem de cultivar lágrimas em vasos de barro. Sempre gostei de sorriso, de sorvete e vestido fresco. Por isso, sempre tenho comigo um tanto enorme de céu.

Dizem que tenho cabeça nas nuvens e é verdade. São as fotografias invisíveis dos dias bons e os meus sonhos que colocaram a minha cabeça lá. Mas ninguém vê o quanto os revezes firmaram meus pés no chão e deram capacidade de enxergar. E isso é bom, também. É equilíbrio puro. Só agradeço e sigo. Um bocado de nuvens na cabeça e os pezinhos bem alinhadinhos na segurança do chão.

É assim que eu voo.

Gente que compartilha é o meu tipo favorito de gente.

Que divide o palco, que distribui os créditos, que levanta quem tá junto, sem mesquinharia.

Que sabe aplaudir, ao invés de apenas exigir aplausos. E que, chegando no topo, ergue, lado a lado, quem escalou junto.

E é tudo mais leve assim, quando você divide a carga e compartilha vitórias! Tem que saber reconhecer isso.

A vida não tem contrato e a gente não tem muitas garantias. Um novo dia pode ou não vir, o céu nem sempre vai ser azul e os abraços... afrouxam.

O segredo é contemplar sem ser reativo o tempo todo. Deixar ir o que é preciso e deixar a alma recarregar. Com esperança, com vontade e com aquela crença infantil de que tudo vai dar certo.

Porque embora não se tenha muita certeza disso, de alguma forma até as pequenas coisas (aquelas quase invisíveis) têm seu lugar e espaço nesse universo.

Confia. Contempla. Respira. Tudo se ajeita.

Você sempre pode recomeçar.

Você pode mudar de cidade, achar um novo apelido pra si, excluir ou reiniciar as suas redes sociais, mudar as gírias e o sotaque, trocar os círculos de amizade, a paixão, o emprego e a caixa postal.

Você sempre pode recomeçar no momento em que quiser ou onde estiver. Se você não está feliz, experimente.

Não deixe o tempo envelhecer sua vontade de se reinventar. Porque quem não muda de ideia nunca, não muda nada sempre!

Saia de casa, caminhe na rua, encontre amigos, vá a uma sessão de cinema, tome um sorvete com calma até ele escorrer doce pelo braço.

Lave o cabelo devagar com um shampoo de alecrim, faça uma sesta no parque, leia um livro à sombra de uma árvore, corra ao redor do quarteirão e mande aquela mensagem que quer tanto mandar. Sem culpa..

Se desculpe, se permita, tente e se ocupe!

Só não fique deitado, desistente, com o celular na mão revirando o passado de um lado para o outro, esperando o sol sumir, exausto, pela janela. A vida é linda, repare nela.

Não foi fácil amadurecer, doeu um tanto que eu nem fazia ideia e foi preciso tomar uma porção de decisões duvidosas para criar aquele olhar treinado e capaz de reconhecer as rotas certas. Não que eu tenha parado de errar, mas com toda a certeza meu instinto ficou mais apurado e o alarme de "não faz merda" ficou mais nítido.

Eu acabei aprendendo que o tempo é o rei absoluto das causas desacertadas e que, às vezes, a única coisa certa a se fazer é sentar e não fazer nada. Pelo menos até que baixe a poeira e um melhor caminho ganhe forma. Com isso entendi que, em algumas horas, calar é o melhor argumento possível.

Eu larguei mão da pressa, essa que engole a serenidade, que tira o sono e descompassa o coração. Ganhei tempo para apreciar em detalhes a dança da vida à minha volta, esperando pelo próximo movimento do tempo, sem ultrapassar as regras dele. Vai por mim, a gente precisa respeitar cada nascer de sol. Se não dá pra resolver hoje, ok. Quem sabe amanhã a resposta se distingue no emaranhado de pensamentos... aprenda a dar espaço pra sua mente.

Eu desatei um monte de nós e fiz tantos laços que cheguei nesse ponto, bom demais, em que um dar de ombros resolve qualquer discussão. Não, meu bem, eu não desisti de brigar pelo que acredito, apenas parei de lutar as guerras erradas. Isso sim é que é sabedoria. Não gastar saliva com quem não está te ouvindo! Queria ter aprendido isso lá no comecinho dos 20...

Hoje eu tenho máximo respeito pelos meus processos

de cura, de absorção e de silêncio. Porque eu sei o tanto que eles me fortalecem. Por isso, se quiser chegar perto de mim, por favor chegue de mansinho, demorou um bocado de tempo para acalmar minhas tempestades e hoje as minhas águas são calmas e sossegadas. Dos turbilhões, eu me despedi com um sorriso e um "muito obrigada". Perto de mim, apenas o que for leve, que me leve e eleve.

Pode vir, só não atrapalha minha *vibe*, porque ela me custou caro e o preço ainda tá sendo parcelado.

E então, ela fez as pazes com o passado e saiu por aí, criando novas memórias pra si.

Dias de céu azul, de riso frouxo...
devagar e sem rumo, pelo simples prazer de se mover.

Porque parar, nunca foi o lance dela!

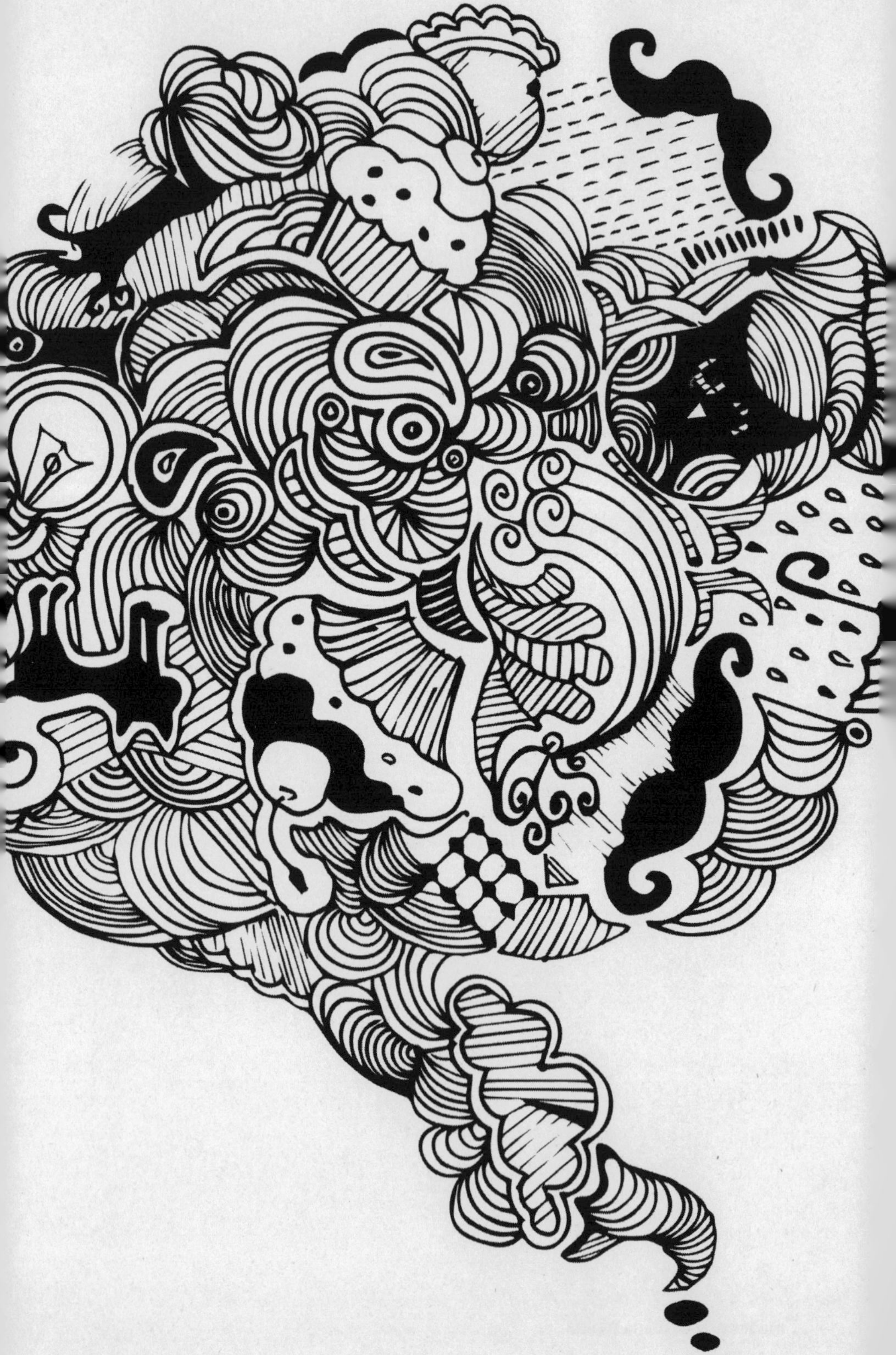

Eu não acredito que um dia vá deixar de te amar...

Mas quero que nosso amor ganhe cores novas, formatos diferentes e que encontre um jeito de se encaixar nos caminhos que a gente trilhar. Quero ressignificar nossa saudade e fortalecer o companheirismo, a parceria e o carinho.

Quero continuar vendo em ti o meu amigo, o cara pra quem posso contar as coisas, que sabe coisas que eu nem quero contar, mas que me entende e me aceita.

E quero continuar sendo teu ombro pros dias pesados, teu suporte pros grandes saltos e a pessoa que sempre vai estar do outro lado do palco, sorrindo pra você, feliz de te ver brilhar.

Confio na gente, confio que vamos conseguir seguir juntos, mesmo que em endereços e enredos diferentes. Nosso amor vai virar matéria prima pra duas jornadas lindas.

Não sei bem a próxima parada das minhas malas, nem em qual esquina vou estacionar de vez o coração. Mas deixa eu te contar: já não quero mais saber.

Seria muito mais fácil viver naquele planinho traçado pela segurança da monotonia, se eu não precisasse dar a cara a tapa, ou ficar na linha de frente, segurando as pontas das minhas escolhas questionáveis.

Mas a verdade é que não restam muitas alternativas, se eu quiser que algo bom aconteça, vou ter que me expor. Tirar o pé do freio e me permitir ficar vulnerável por aqueles 15 segundos decisivos de coragem, que precedem as melhores memórias da vida. Vou ter que arriscar.

É que não dá para seguir no canto da festa a noite inteira. Se quiser um pouco de diversão, é melhor encarar a pista, mesmo sem saber dançar direito. Ou a gente segue o baile ou ele passa e a gente fica. Daí não adianta sapatear nos restos de confete enlameados, o bloco já passou e tá longe.

Eu sei que vou ganhar alguns corações partidos nesse trajeto e vou quebrar alguns outros também. Mas parece que faz parte do enredo, não é mesmo? A gente se desmonta e monta, então percebe que o jeito certo às vezes é meio bagunçado. E tudo bem...

E é por isso que eu realmente não quero saber ao certo o fim dessa história, porque só tem fim se parar de escrever e, na boa, eu tenho uma infinidade de páginas a serem escritas.

É tudo sobre como você se sente consigo. Sobre como se enxerga e se trata. É sobre o tanto de paz que tem no seu coração e sobre o teu sorriso no fim do dia.

É sobre não se cobrar tanto, não se exigir tanto e ter alguma gentileza com sua trajetória. Você errou e erraram com você, mas a vida segue. Não dá pra ficar eternamente de quatro, grudada no chão, catando os cacos de histórias quebradas.

É você e só você quem pode garantir essa sanidade. Quem pode se permitir viver, com mais leveza e menos embates. É só você quem pode boicotar ou não essa dita felicidade.

É você. São os outros, às vezes. Mas é você, principalmente. Foca em você. Não se perde...

E nos dias difíceis, corra pro sol e pra água.

Foge do cidade, do trânsito, das notificações urgentes no celular...

Nos dias turbulentos, experimente encontrar abrigo na sombra de uma árvore, no sossego de um céu recém amanhecido e na dinâmica perfeita das ondas.

Tá tudo ali, o que você precisa pra reencontrar o equilíbrio.

Bate a porta de casa e vai buscar abrigo naquele lugar que sempre vai ser lar.

Já parou pra pensar que seus dias ruins, aqueles que te colocam pra baixo e que fazem seus sonhos parecerem cada vez mais distantes, são na verdade apenas um pedaço da sua caminhada?

É isso mesmo! Então pode tirar um pouco o peso do ombro, diminuir a autocobrança e pensar que é só mais um dia. Ele pode estar sendo pesado, complicado e com cara de que não vai terminar nunca... mas ele vai, sim.

Dá um tempo pra sua cabeça, respira fundo, faz alguma coisa que te tire do modo mecânico e que te devolva a noção de equilíbrio.

Porque os dias bons, também não são sobre os sonhos e metas alcançadas. Eles, na verdade, fazem parte de apenas um trecho da sua jornada.

Cada dia tem exatamente as 24h do dia anterior. Então viva um de cada vez. Se concentre no que você pode resolver primeiro, com o que tem em mãos, e comemore cada desafio vencido! Celebrar é importante, sim!

A jornada é longa, mas o que você pensa que vai ser seu destino final, na verdade é só uma parada, porque quando você alcançar aquele ponto que tanto queria, vai perceber que ainda tem muito "chão pela frente".

Então, não esquece de apreciar a paisagem...

Dedique tempo, energia, risadas e vinho aos seus amigos.

Tenha dias separados na semana para eles.

Mande mensagens, presentes e coloque cerveja na mesa.

Eles estão protagonizando com você algumas das memórias mais bonitas da sua vida.

Eles estão te levando até a pessoa que você quer ser.

E vão celebrar contigo, chorar e abraçar. Não abra mão deles.

Amar é irreversível.

A gente precisa se afastar o suficiente pra não reconhecer mais o outro,
a ponto de a pessoa que você amou se tornar um total estranho...

O amor não acaba... você apenas deixa de enxergá-lo.

Me fecho na minha casca,
construo muros e os derrubo,
abraço o mundo com as pernas,
porque não sei viver em conta-gotas.

Penteio os cabelos,
leio sozinha num canto qualquer.
Coloco saltos altos,
passo perfume entre os seios,
discuto política no bar da esquina.
Choro no chuveiro,
lágrimas misturando-se com a água.
Gargalho alto, no meio da rua.
A piada era boa.

Não me prendo,
não me amarro,
mas quando quero,
me entrego.
Não sou pro teu bico,
não sou pro bico de ninguém,
sou pra mim,
completa e inteira.

Vez ou outra empresto o coração,
deixo preencher de alguém.
Mas nunca me esvazio,
só dou um jeito de achar espaço.
E não é que cabe?!

Não aceito suas regras,
mas reflito sobre.
Calo alguns sentimentos às vezes,

me finjo diplomata... Posso ser convincente.
Dizem que sou signo de ar... Sei lá...
Tem fogo pra caramba aqui...
Queimando por dentro e fugindo nos olhos.
Chama intensa que não se apaga.

Danço até o sol nascer,
tenho poesias decoradas
e ando me embriagando em doses homeopáticas.

Durmo sozinha
e às vezes solitária.
Nem sempre...
Acordo enrolada em fones de ouvidos
e em sonhos suspensos.

Tô andando,
você vai me ver por aí.

Posso sumir,
mas eu volto.

Tenho pacto com recomeços.

Ainda acredito neles,
e eles sempre me encontram.

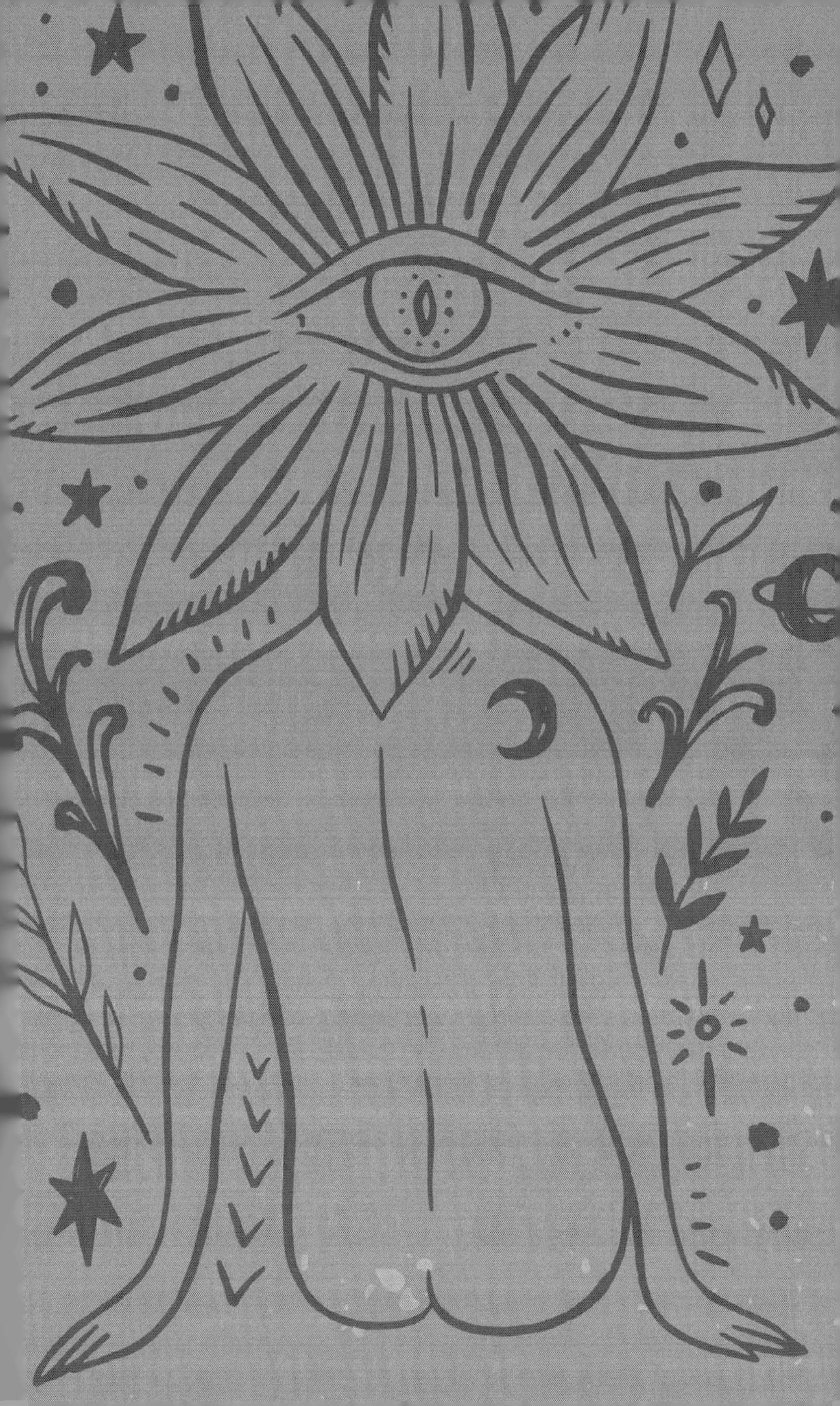

Ninguém te prepara pras decepções. Te contam sobre casamento, graduação, filhos, casa própria...

Mas ninguém te avisa que o casamento pode terminar em divórcio, que talvez a faculdade não te leve a lugar nenhum, que talvez você tenha de criar filhos sozinho, trocar de carreira e muito menos sobre os juros absurdos pra você adquirir sua casa própria.

Daí quando essas coisas acontecem, chamam de fracasso e armazenam elas numa lista de decepções e desgostos que amargam a vida.

E isso esgota.

A gente precisa urgentemente tirar o peso dos tais "fracassos". Porque eles serão muitos e, em tantas vezes, a única e melhor saída.

Tá tudo bem se as coisas não funcionarem como você planejou, ok? Isso não significa um veredito de infelicidade. Você tem direito a ser feliz, apesar de todas essas "regras quebradas".

Tente achar felicidade na vida e nas sutilezas dela, tente não ficar tão desapontado com os planos que não deram certo e — pelo amor de Deus — não desista!

Tem tanta coisa legal pra fazer, tanta gente incrível pra se conhecer. Você vai sorrir tanto e viver tanto... só precisa se permitir.

Se permitir sentir, errar, contemplar, refletir, aprender, tentar de novo e recomeçar...

Seja menos cruel e pesado com suas falhas. Tenha a gentileza de se olhar no espelho e falar: "Tô fazendo o melhor possível, mas nem tudo depende apenas de mim".

Sonhos mudam de forma, amores mudam e você vai mudar. Portanto, se tiver que se esforçar arduamente por algo... se esforce pra ser feliz.

Obrigada por me dar o amor que eu precisava receber para voltar a confiar em mim mesma.

Obrigada por calçar os caminhos pros meus passos e me incentivar a caminhar sozinha.

Você me mostrou como e o quanto eu merecia ser amada.

Tudo se tornou acerto na nossa jornada.

Quão bagunçada você pode ser até desmontar?

Em quantos pedaços pode se partir sem espalhar pelo chão em pequenos e doloridos fragmentos?

Eles vão reconhecer isso em você, por isso é tão importante saber sobre seus próprios limites.

Sem olhar cara a cara suas maiores e mais trágicas fraquezas, não há maneira de ser forte.

Me deixa ser teu blues.

Me deixa ser o violão que você dedilha embriagado, enquanto a lua ganha espaço, atravessa as cortinas e tinge de prata seu apartamento com móveis que não combinam.

Me deixa ser o cigarro que você traga, desesperado, entre uma taça e outra daquele vinho barato, que ganhou do chefe no último natal e demorou tempo demais para abrir.

Me deixa ser teu café morno numa manhã tão cinzenta quanto os outonos na Paulista ou a manchete do teu jornal matinal roubado na porta do vizinho.

Quero ser a água que cai da ducha e desliza afoita pelo teu abdômen, se deixando escorrer e buscando asilo entre as coxas torneadas pelo futebol das quintas.

Quero ser música cheia de melancolia que ainda toca na tua vitrola. Quero te levar para outros tempos, te fazer cerrar os olhos, seduzido pelo solo envolvente do saxofonista tristonho e te alcançar a alma como apenas ela faz.

Quero te aconchegar e te acarinhar madrugada adentro, te arranhar de leve e mordiscar tua boca. Quero encaixar nos teus braços, te receber e fazer gemer mais alto que o som do disco comprado em brechó.

Me deixa ser teu sossego no fim do dia, te arrastar para nosso mundo secreto e te amar com tudo o que tenho. Porque o amanhã é uma partitura em branco, esperando para ser composta, mas hoje, só quero nossa respiração ofegante como trilha.

Doce

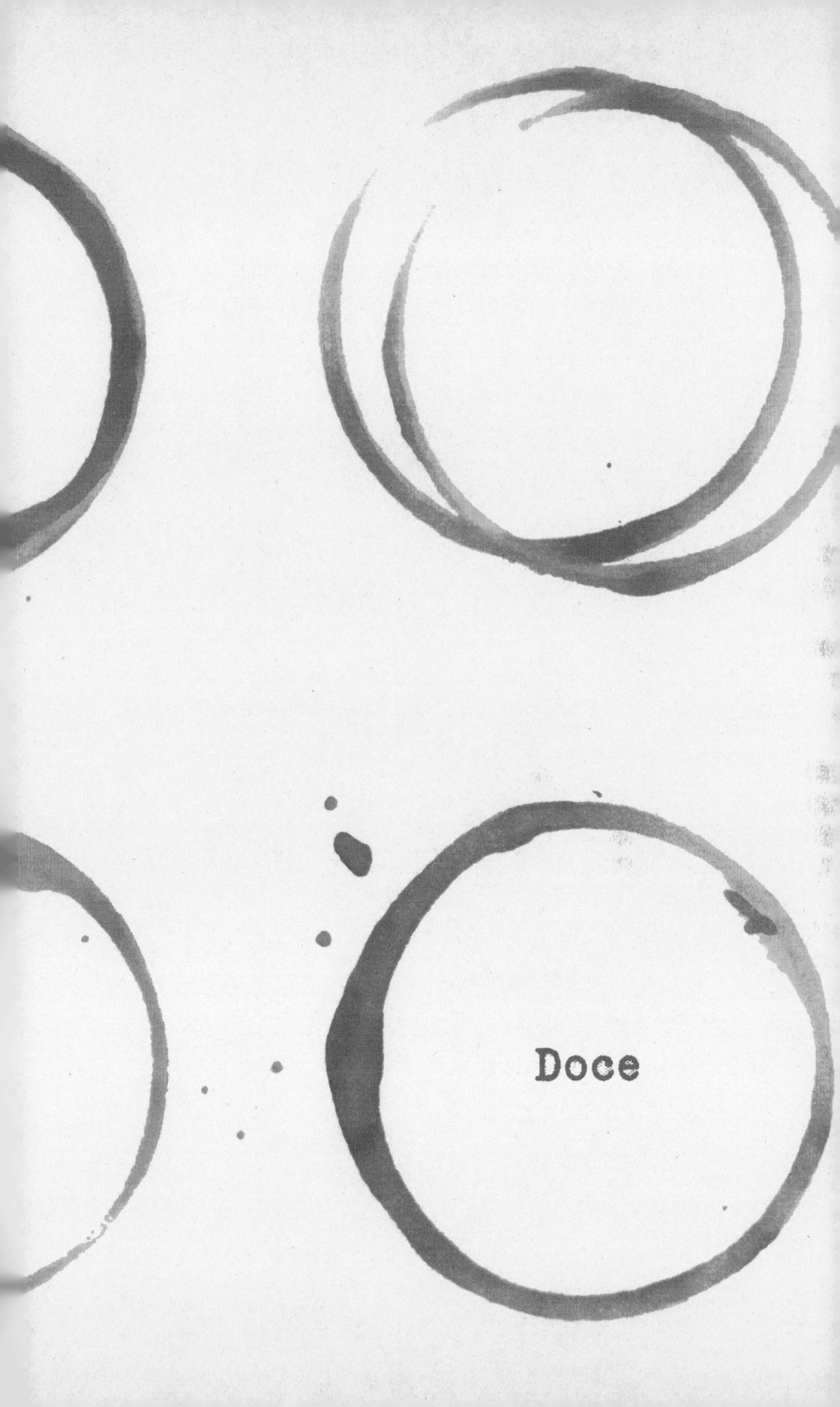

Espero que você encontre amor. E não quero dizer apenas em relação a alguém que você enrosca suas pernas à noite. Quero dizer que espero que você encontre amor em todos os aspectos da sua vida.

Espero que você encontre ele escondido no nascer do primeiro raio de sol da manhã e no cheiro dos seus lugares favoritos. E que você viva esse amor, aprecie e preserve. Que você entenda que estar em paz, com o universo ao seu redor, não é fingir o tempo todo que tudo está bem, mas sim sobre saber manter por perto o que te traz calmaria pra alma.

Que você encontre amor nestes momentos e que esse amor dure...

Seja o tipo de pessoa que segue adiante. E, mesmo sem saber ao certo como, mantém-se resiliente! Continua. Porque embora ninguém te conte, a estrada não tá lá, finalizada e toda enfeitada, te esperando. Você vai ter que ir construindo ela...

Seja o tipo de pessoa que dá jeito nas coisas. Porque você vai ter que remendar umas linhas, tapar uns buracos e alisar algumas asperezas se quiser um terreno plano para caminhar...

Seja o tipo de pessoa que é porto seguro. Independente das tempestades pelas quais passa, aprenda a acalmar suas águas e dar um lugar tranquilo para si mesmo repousar. Porque ninguém pode fazer isso por você...

Seja o tipo de pessoa que quanto mais fundo e dolorido cair, mais alto e gentil vai se levantar. Porque o mundo não é cuidadoso e amável o tempo todo, mas você pode ser. E isso pode mudar o mundo de alguém e o seu, também...

Seja o tipo de pessoa que é livre para fazer as malas na hora que quiser. Carregue camiseta, livro, memórias e bagagens. Ande pelo mundo até onde der vontade. Porque a forma mais linda de liberdade é poder ir, mas (se quiser) decidir ficar, ok. Porque casa é sempre onde seu coração está!

Rotina. Nunca gostei dela, de olhar no rosto dela ou de me enferrujar por ela. Mas, muito a contragosto, descobri que preciso dela. Para manter a cabeça em ordem, a vida organizada e a mente sã.

Não foi fácil aceitar que dormir e acordar mais cedo me fazia bem, que comer corretamente me permitia até mesmo pensar melhor e que saber parar era essencial para manter o ar circulando.

Entendi, fiz as pazes e absorvi.

Continuo amando as surpresas, as quebras de cronogramas e as saídas inesperadas da estrada. Isso, esses escapismos, me trazem gosto de vida para a língua e mais brilho para os olhos.

Organizei meus processos, mas continuei preservando o prazer com as sutilezas do inesperado. Porque é isso o que de mais lindo, a rotina tem. A fuga dela...

(uma pausa, num dia de semana na beira da estrada, para olhar o mar por outro lado)

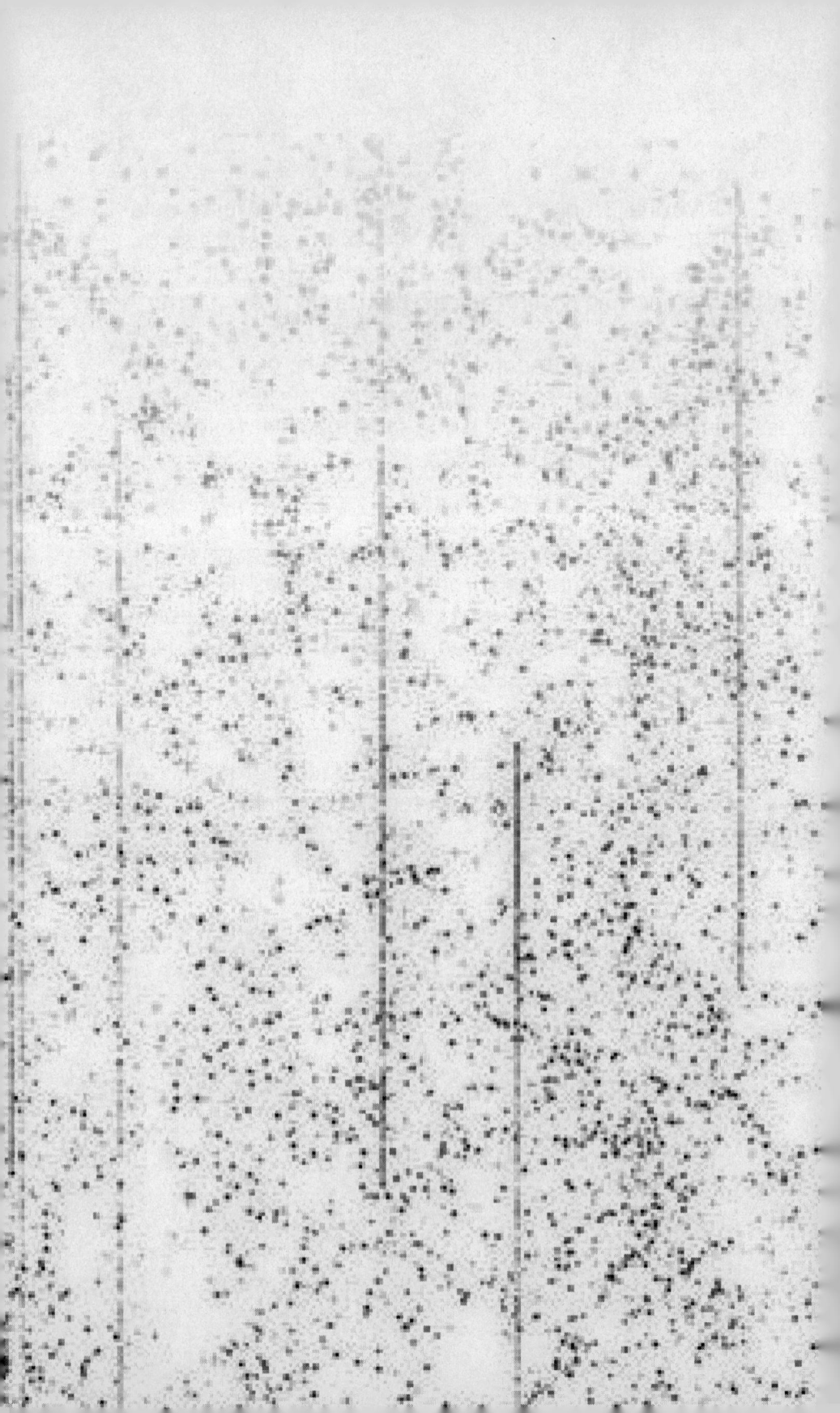

Todo mundo precisa de espaço para parar, sossegar e aquietar.

Todo mundo precisa de um momento de silêncio, de distância e de solitude.

Todo mundo precisa de um cômodo. Que seja seu, que ninguém entre, onde a tralha fique guardada, a luz cerrada e a porta não bata.

Onde o vento não sopre, os olhares não toquem e a inquietude interna descanse. Alguns metrinhos de liberdade sem julgamentos...

A gente precisa de um canto e quando a gente não acha onde tá, pode ser no mundo ou dentro da gente.

(eu me guardei em mim)

Ela gosta do mar, quando a tarde cai e o sol desaparece com seu alaranjado atrás de nuvens pesadas. Ela gosta do tom prateado que as ondas ganham e do som do vento agitando as águas.

Ela gosta desse lapso mudo de tempo, quando não é dia nem noite. Quando o sol toca o céu pelo último segundo, antes de virar sua face risonha para o outro lado do mundo. Ela gosta de ver essa dança complexa do universo, bem na frente dos olhos. Encantada...

Gosta de saber que a noite vai chegar, que vai ter de puxar uma pontinha de coberta para aquecer os pés e segurar uma taça frágil de vinho para amaciar o coração — que não se permite endurecer.

Ela observa esse entardecer e ajeita o casaco para segurar o vento, conversando com a magia do céu.

Ela tem prazer nessas sutilezas que a vida oferece, nessa simplicidade escandalosa da natureza, que faz tudo tão fluido e surreal ao mesmo tempo.

Sabe que essas são as dádivas da vida, e que ela precisa aproveitar, porque não é eterna.

Por isso, ela contempla. Sente. Absorve. Deixa-se ser parte dessa pausa, entre dia e noite, entre sorriso e lágrima, ela aprecia e recebe a energia.

Dos dias coloridos e bons, quero *replay*... dos dias cinzas nas quartas ou nas quintas, só quero guardar a lição: tempestades não ganham de raios insistentes de sol. Não, meu bem, elas não ganham não!

Bato o pé, teimo e resisto. No meu caminho, só levo o leve. Só levo luz. Da ponta do nariz ao mindinho do pé. Com o coração alegre, a cabeça erguida e aquele bocadinho esperançoso de fé. A vida é boa. Por isso, não me entrego não. Apenas continuo lutando, com gentileza, sorrisos gratuitos e um tanto atrapalhado de paixão.

Diga que está me esperando na porta e me leve para ver o mundo às três da manhã de uma noite quente...

Me mostre o pôr do sol em cidades que eu ainda não coloquei os pés e me guie por estradas que não estão nos mapas.

Me traga a felicidade embrulhada em um sorriso preguiçoso na primeira hora da manhã e um abraço cheio de certeza nenhuma, sobre como terminar o dia...

Não me faça promessas. Apenas me faça sentir segura, com uma xícara quente de café, uma conversa leve e vinho no jantar.

Tem tanta vida pra gente viver, não me peça pra parar...

Não me peça pra parar.

Abraço é o encontro marcado do teu coração com o meu, na esquina do peito.

Abraço é o elo que derruba muros e constrói casas, onde podemos caminhar de meias e com caneca de chocolate nas mãos.

Abraço é feito de conforto.

É a nossa vitória contra a saudade, é quando o sorriso não dá conta de sorrir e a mão não dá conta de tocar.

Abraço é quando você segura um pouco mais, ainda que não deva... só porque quer ficar.

É quando enlaça o corpo inteiro, tentando tocar a alma, sem falar, silenciando o mundo na eternidade de um laço.

Antes que o tempo leve... tire um tempo pro abraço.

Solitude.

Começou como um descuido,
um sábado em casa,
um encontro cancelado,
um vinho, sossego e
uma pontinha de preguiça.

Tornou-se cômodo,
gostoso,
aconchegante,
confortável.

Foi ficando cada vez mais bonito e mais calmo.

E assim, ela descobriu
que estar sozinha era um prazer sutil,
desses que a gente carrega escondido
e guarda quieto.

Se isolou por um momento,
pra se ver melhor.

Tinha caos nela...
tinha calma,
tinha alma.

E então, se encontrou.

Espero que você encontre um lugar para descansar, que seus pés caminhem por ele, sem rumo, e que você se sinta em casa, mesmo sem saber aonde está indo.

Espero que a vista te impressione, que a paisagem tire o fôlego e que as luzes reacendam teu brilho nos olhos.

Espero que teu coração aquiete, tuas pernas descansem e a paz te abrace. Que você não se sinta só, mas tenha prazer em estar consigo e conectado com o mundo.

Espero que você entenda que é preciso continuar andando, explorando e sentindo todo o prazer de estar vivo.

Porque a vida não para e te espera ficar pronto para seguir o roteiro.

Ela apenas vira a página e continua a história.

Não dá pra saber, no momento exato em que alguém está entrando na sua vida, por quanto tempo vai permanecer.

A gente nunca sabe se está esbarrando num grande amigo. O que a gente sabe é que tem gente que faz parte da gente. De alguma história louca, de alguma cerveja dividida e, talvez, de uma vida.

Tenha amigos pra sentar e jogar conversa fora, tenha amigos pra segurar a mão naquele momento foda... tenha amigos... porque eles aliviam os anos e a rotina.

Diga menos "nãos" pra eles, crie histórias malucas que você vai recontar no futuro, e aprecie. Eles são um presentão da vida. Agradeça.

(aos meus amigos)

Mesmo que esse mundão fique gelado e caótico, ainda terão pessoas por aí com o coração iluminado apostando todas as suas fichas no amor. E elas vão reacender aquela fagulhinha de esperança nos nossos corações cansados.

Nem tudo está perdido, famílias ainda são construídas, casais ainda carregam brilhos nos olhos e bebês continuam sorrindo pra gente com covinhas nas bochechas e narizinhos quentinhos que fazem o peito se encher de calor.

Por isso, sempre que o dia fica complicado e duro de lidar, eu repito pra mim, baixinho: os bons são a maioria, a vida é um milagre e coisas boas acontecem em todo canto.

Eu tenho tesão por tuas palavras bem escolhidas, tua conversa fluida e gostosa.

A tua risada honesta me arrepia,
e te ouvir falando com paixão, me umedece.

Eu gosto do prazer de te tocar sem querer, de sorrir junto e
da adrenalina de olhar fundo nos teus olhos até me perder de vista.

Teu corpo firme me encanta, teu rosto bonito me envolve,
mas a nossa química só é real porque nossas almas se beijaram primeiro.

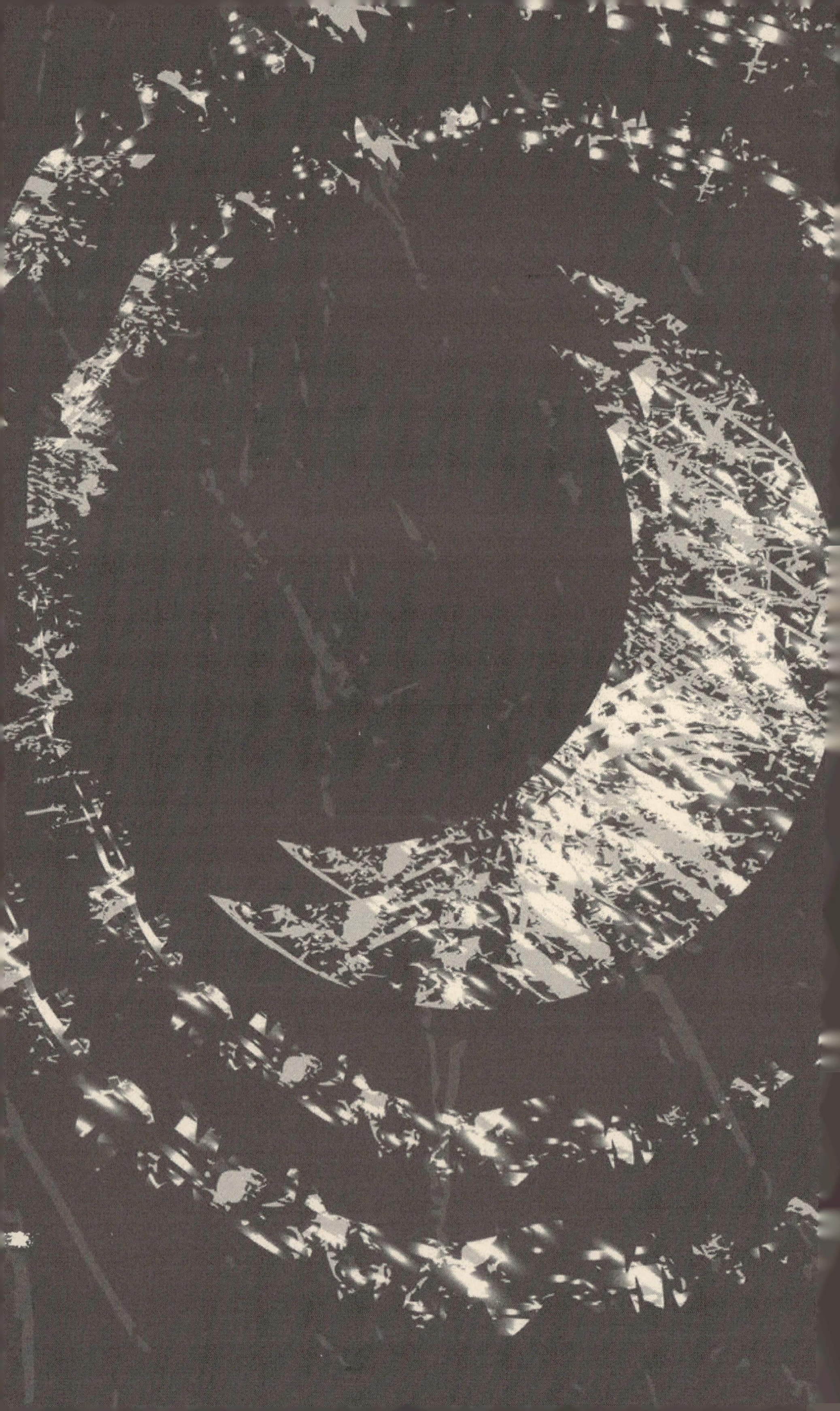

Já falei de você pra lua tantas vezes.

Colori versos e desenhei histórias, te derramando no brilho dela.

Mas hoje você é apenas um estranho, um mero conto bonito e esquecido,
e embora eu esteja bem, vez ou outra a lua ainda me faz lembrar teu nome.

O cheiro do teu corpo quando eu te abraço,
o teu queixo apoiado no topo da minha cabeça e o teu sorriso,
quando eu olho pra cima, antes de te beijar no canto da boca.

São as coisas que me fazem sentir em casa.

Gosto do gosto de sal
no morno da tua pele.

Do teu peito na altura dos meus olhos
e do sol lambendo nosso corpo
numa tarde quente.

Gosto da tua mão alinhando meu cabelo
pra deixar os olhos à vista.

Gosto da tua língua fazendo voltas no meu pescoço
traçando um mapa de arrepios.

Eu ficaria minha vida inteira
presa nesta tarde.

Com o azul do céu sorrindo pros nossos sonhos mais bonitos,
e a maresia dourando o nosso afeto.

Eu vou digerindo minhas impressões das maluquices da vida e vou transformando o que posso em poesia.

Nem sempre é fácil de ler. Às vezes o texto sai truncado, pesado, caneta borrada...

Mas em outras ele flui, ele me enlaça e me faz querer ser passarinho, cruzando o azul do céu, em direção a um pôr do sol em degradê.

(das impressões de novembro)

Se eu pudesse, parava o tempo num dia de céu azul e me encolhia inteira no teu abraço.

Eu tô sentindo uma liberdade que não cabe no senso comum.

Não é apenas sobre ir e vir, é sobre ser do tamanho que eu quiser, onde quiser.

É sobre ocupar espaço sem fazer barulho.

Sobre não ter raízes fixas, mas viver espalhando laços!

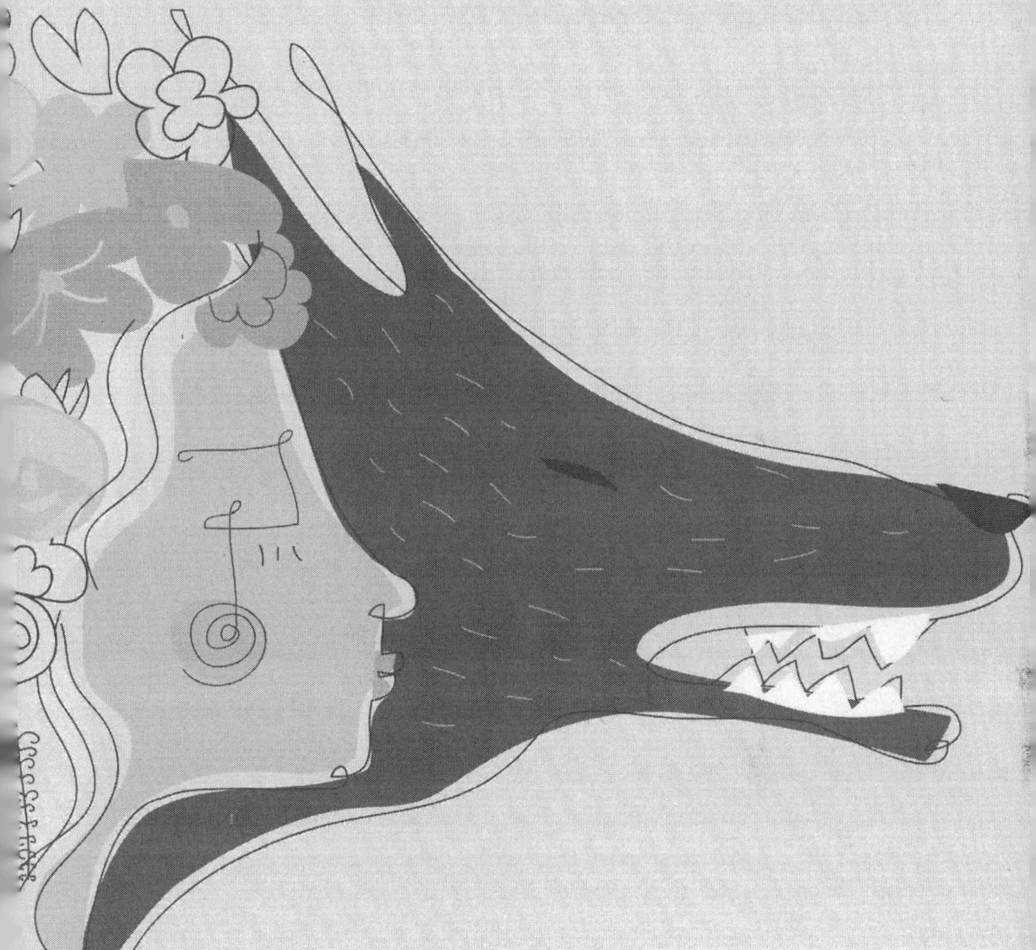

Bom mesmo é quando você não precisa ficar atestando seu valor a cada minuto.

Quando você se sente confortável com quem é, onde está e com quem te cerca.

Quando você consegue relaxar os ombros, destravar o riso, soltar as pernas e respirar leve.

Bom mesmo é quando você relaxa. Tá tudo bem. Tá tudo em paz...

E da próxima vez em que você sentir que está ficando para trás, eu quero que você olhe para sua jornada até aqui e pense em quão longe você já chegou.

Eu quero que você pense naquele grande sonho que realizou, mesmo achando que não daria conta de tirar do papel, mas que uniu forças, esperanças e tirou. Eu quero que você se lembre que talvez, há um ano, você não imaginaria que poderia chegar neste exato ponto. Mas você chegou.

Eu quero que você sorria pelos projetos que criou, pelos abraços que deu, pelos caminhos que trilhou e pelos amores que viveu. Você é um realizador. E realizadores nem sempre se dão conta do quanto fazem, porque sempre querem fazer algo a mais...

Então, da próxima vez em que você desanimar, eu quero que você desenhe uma linha imaginária e ande por ela descalço, uma linha que ligue os sonhos do seu coração aos momentos que você está vivendo agora. E eu espero, sinceramente, que você tenha orgulho de si, porque você merece.

Você está indo bem!

E tudo isso é pra me lembrar que eu não sou uma pessoa estática e que eu preciso do movimento pra fluir...

Eu preciso de cores, sons, sabores e luz pra me sentir criativa.

Eu gosto de música, fotografia, vento, café, cidades novas e sorrisos fáceis.

Tudo isso é pra me lembrar que eu não tô apenas construindo uma porção de memórias bonitas, mas que estou aproveitando cada segundo dessa vida que é presente.

E eu tenho muita coisa pra fazer ainda...

Obrigada

até

aqui.

Aponte a câmera do celular para o QR Code abaixo
e conheça mais livros visitando o nosso site.